Utilize este código QR para se
cadastrar de forma mais rápida:

Ou, se preferir, entre em:

www.santillanaespanol.com.br/ac/livroportal

e siga as instruções para ter acesso
aos conteúdos exclusivos do
Portal e Livro Digital

CB052295

De los árboles a los libros,
sostenibilidad en todo el camino

Da semente ao livro,
sustentabilidade por todo o caminho

Plantar bosques

La madera usada como materia prima para nuestro papel viene de plantaciones renovables, o sea, no es fruto de deforestación. Este tipo de plantación genera millares de empleos para los agricultores y ayuda a recuperar las áreas ambientales degradadas.

Fabricar papel e imprimir libros

Toda la cadena de producción de papel, desde la fabricación de la celulosa hasta la encuadernación del libro, tiene los correspondientes certificados y cumple los patrones internacionales de procesamiento sostenible y las buenas prácticas ambientales.

Crear contenido

Los profesionales involucrados en la elaboración de nuestras soluciones educativas tienen como objetivo una educación para la vida basada en la curaduría editorial, la diversidad de visiones y la responsabilidad socioambiental.

Construir proyectos de vida

Ofrecer una solución educativa Santillana Español es un acto de compromiso con el futuro de las nuevas generaciones y posibilita una alianza entre las escuelas y las familias en la misión de educar.

Plantar florestas

A madeira que serve de matéria--prima para nosso papel vem de plantio renovável, ou seja, não é fruto de desmatamento. Essa prática gera milhares de empregos para agricultores e ajuda a recuperar áreas ambientais degradadas.

Fabricar papel e imprimir livros

Toda a cadeia produtiva do papel, desde a produção de celulose até a encadernação do livro, é certificada, cumprindo padrões internacionais de processamento sustentável e boas práticas ambientais.

Criar conteúdo

Os profissionais envolvidos na elaboração de nossas soluções educacionais buscam uma educação para a vida pautada por curadoria editorial, diversidade de olhares e responsabilidade socioambiental.

Construir projetos de vida

Oferecer uma solução educacional Santillana Español é um ato de comprometimento com o futuro das novas gerações, possibilitando uma relação de parceria entre escolas e famílias na missão de educar.

Apoio:
www.twosides.org.br

Para saber más, escanea el código QR.
Accede a *http://mod.lk/sostenab*

Fotografe o código QR e conheça melhor esse caminho.
Saiba mais em *http://mod.lk/sostenab*

Ventana

al español

3.ª edición

3

Editora responsable: Izaura Valverde

SANTILLANA ESPAÑOL

SANTILLANA ESPAÑOL

Dirección editorial: Sandra Possas
Edición ejecutiva de español: Izaura Valverde
Edición ejecutiva de producción y multimedia: Adriana Pedro de Almeida
Coordinación de arte y producción: Raquel Buim
Coordinación de revisión: Rafael Spigel
Edición de texto: Ludmila De Nardi, Roberta Amendola
Asistencia editorial: Cíntia Afarelli, Jaqueline Spinelli, Sheila Folgueral
Elaboración de contenido: Ana Carolina Salatini, Cíntia Afarelli, Jaqueline Spinelli, Myrta Garcia Pradel Biondo, Raquel Barrios
Corrección: Camilla Bazzoni de Medeiros
Revisión lingüística: María Alicia Manzone Rossi
Revisión: Elaine Viacek, Emarize H. do Prado, Manuel Quilarque, Sheila Folgueral, Simone Garcia, Vinicius Oliveira
Proyecto gráfico: Karina de Sá
Edición de arte: Rafael Gentile
Maquetación: Estúdio Anexo
Cubierta: Rafael Gentile
Ilustraciones: Leandro Lassmar, Yaci Harumi
Diseños especiales: Anderson Sunakozawa, Camila Ranelli, João Negreiros, Marina Prado, Natalia Bae, Rafael Gentile, Raquel Coelho, Selavi
Ventana a los videos: Camila Gervaz, Patrícia Aragão (guion); Priscila Oliveira Vieira, Barbara Jarandilla, Patrícia Aragão (edición); María Alicia Manzone Rossi (revisión lingüística); Gislaine Caprioli, Emarize H. do Prado, Letícia Della Giacoma de França (revisión); Daniel Favalli (producción); URBI Criação & Design, Bruno Tersario (*design*); Paloma Klein, Sara Alencar (captura de fotos)
Actividades interactivas: Mary Negreiros (elaboración de contenido); Priscila Oliveira Vieira, Barbara Jarandilla, Patrícia Aragão (edición); María Alicia Manzone Rossi (revisión lingüística); Gislaine Caprioli, Emarize H. do Prado, Letícia Della Giacoma de França (revisión); Daniel Favalli (*design*)
Portal Educacional Santillana: Priscila Oliveira Vieira (edición de contenido); Maria Eduarda Pereira Scetta (curaduría de contenido)
Livro digital interactivo: Priscila Oliveira Vieira, Patrícia Aragão (edición); Gislaine Caprioli, Letícia Della Giacoma de França (revisión); Daniel Favalli (producción); URBI Criação & Design, Bruno Tersario (*design*)
Livro digital para proyección: Priscila Oliveira Vieira, Patrícia Aragão (edición); Gislaine Caprioli, Letícia Della Giacoma de França (revisión); Frodo Almeida (*design*); Eloah Cristina (programación)
Captura de fotos: Sara Alencar, Paloma Klein, Ellen Silvestre, Marcia Sato
Coordinación de *bureau*: Rubens M. Rodrigues
Tratamiento de imágenes: Ademir Francisco Baptista, Joel Aparecido, Luiz Carlos Costa, Marina M. Buzzinaro, Vânia Aparecida M. de Oliveira
Preimpresión: Alexandre Petreca, Everton L. de Oliveira, Fabio Roldan, Marcio H. Kamoto, Ricardo Rodrigues, Vitória Sousa
Audio: La Urella
Agradecimientos especiales: Anderson Márcio de Almeida

Todos los sitios web mencionados en esta obra se reprodujeron solo para fines didácticos. Santillana Español no tiene control sobre su contenido, el que se verificó cuidadosamente antes de su utilización.
Todos os *sites* mencionados nesta obra foram reproduzidos apenas para fins didáticos. A Santillana Español não tem controle sobre seu conteúdo, o qual foi cuidadosamente verificado antes de sua utilização.
Aunque se hayan tomado todas las medidas para identificar y contactar a los titulares de los derechos de los materiales reproducidos en esta obra, no siempre ha sido posible. La editorial se dispone a rectificar cualquier error de esta naturaleza siempre y cuando se lo notifiquen.
Embora todas as medidas tenham sido tomadas para identificar e contatar os detentores de direitos autorais sobre os materiais reproduzidos nesta obra, isso nem sempre foi possível. A editora estará pronta a retificar quaisquer erros dessa natureza assim que notificada.

Impresión: Log&Print Gráfica e Logística S.A.
Lote: 768436
Código: 120002108

Dados Internacionais de Catalogação na Publicação (CIP)
(Câmara Brasileira do Livro, SP, Brasil)

Ventana al español / editora responsável : Izaura Valverde ; obra coletiva concebida, desenvolvida e produzida pela Editora Moderna. – 3. ed. – São Paulo : Moderna, 2021.

"Obra em 4 v. para alunos do 6º ao 9º ano".

1. Espanhol (Ensino fundamental). I. Valverde, Izaura.

21-64233 CDD-372.6

Índices para catálogo sistemático:
1. Espanhol : Ensino fundamental 372.6
Aline Graziele Benitez – Bibliotecária – CRB-1/3129

ISBN 978-65-5779-783-9 (LA)
ISBN 978-65-5779-784-6 (LP)

Reprodução proibida. Art. 184 do Código Penal e Lei 9.610 de 19 de fevereiro de 1998.
Todos os direitos reservados.

SANTILLANA ESPAÑOL
EDITORA MODERNA LTDA.
Rua Padre Adelino, 758 — Belenzinho
São Paulo — SP — Brasil — CEP 03303-904
www.santillanaespanol.com.br
2023
Impresso no Brasil

CÓPIA NÃO AUTORIZADA É CRIME
ABDR
ASSOCIAÇÃO BRASILEIRA DE DIREITOS REPROGRÁFICOS
RESPEITE O DIREITO AUTORAL

Crédito de las fotos
Foto de la cubierta y del frontispicio: Freder/Istockphoto.
Segunda portada: *La asombrosa excursión de Zamba* por la Geografía latinoamericana. *Las asombrosas excursiones de Zamba*. [Serie]. Dirección General: Sebastián Mignogna. Producción: Camila Fanego Harte, Cecilia di Tirro. Argentina: El perro en la luna, 2015; p. 5: daboost/Istockphoto; p. 8 y 9: (a) Alamy/Fotoarena; (b) YURI CORTEZ/AFP/Getty Images; (c) torukojin/Istockphoto; (d) Hernan Castro Dávila; p. 10: Barmaleeva/Istockphoto; p. 11: PCH-Vector/Istockphoto; Talaj/Istockphoto; ma_rish/Istockphoto; Dome Studio/Istockphoto; p. 12: danilovi/Istockphoto; p. 13: MesquitaFMS/Istockphoto; p. 14: (a) Highwaystarz-Photography/Istockphoto; (b) FG Trade/Istockphoto; (c) mediaphotos/Istockphoto; (d) AleksandarNakic/Istockphoto; p. 15: (a) shironosov/Istockphoto; (b) vladans/Istockphoto; p. 16: Artem Peretiatko/Istockphoto; p. 17: NatalyaBurova/Istockphoto; Khosrork/Istockphoto; p. 20 y 21: (a) Solovyova/Istockphoto; (b) martin-dm/Istockphoto; (c) Boris Jovanovic/Istockphoto; (d) kali9/Istockphoto; (e) Hazal Ak/Istockphoto; (f) Anton_Sokolov/Istockphoto; Ignatiev/Istockphoto; p. 22: Brit Worgan/Getty Images; Artis777/Istockphoto; p. 25: AntonioGuillem/Istockphoto; (a) Rawpixel/Istockphoto; (b) Marjan_Apostolovic/Istockphoto; (c) NiseriN/Istockphoto; (d) PeopleImages/Istockphoto; p. 26: AleksandarGeorgiev/Istockphoto; pawopa3336/Istockphoto; Christian Vinces/Istockphoto; Christian Vinces/Istockphoto; filipefrazao/Istockphoto; hadynyah//Istockphoto; SL_Photography/Istockphoto; sorincolac/Istockphoto; p. 28: vadimguzhva/Istockphoto; grivina/Istockphoto; p. 29: ake1150sb/Istockphoto; p. 30: FCHM/Shutterstock; Leonidas Santana/Shutterstock; mariusz_prusaczyk/Istockphoto; EAQ/Istockphoto; p. 31: BRO Vector/Istockphoto; p. 32 y 33: (a) PeopleImages/Istockphoto; (b) martin-dm/Istockphoto; (c) dubassy/Istockphoto; (d) Ferenc Szelepcsenyi/Shutterstock; (e) LeManna/Istockphoto; (f) amphotora/Istockphoto; p. 34: Alex_Bond/Istockphoto; Tetiana Lazunova/Istockphoto; Tetiana Lazunova/Istockphoto; valeo5/Istockphoto; Leonid studio/Istockphoto; p. 36: (a) Cimmerian/Istockphoto; (b) holgs/Istockphoto; (c) PeopleImages/Getty Images; p. 38: Marina Podrez/Shutterstock; p. 39: iofoto/Shutterstock; p. 40: Bennett Raglin/Getty Images; p. 42: CSA Images/Istockphoto; PCH-Vector/Istockphoto; p. 43: DGLimages/Istockphoto; p. 44: (a) drmakkoy/Istockphoto; (b) panom/Istockphoto; (c) oscar garces/Istockphoto; p. 46: Mack15/Istockphoto; (a) EKH-Pictures/Istockphoto; (b) Akabei/Istockphoto; (c) Flavio Vallenari/Istockphoto; (d) MaxOzerov/Istockphoto; p. 50 y 51: Juca Martins/Olhar Imagem; jaboticaba/Getty Images; Rogério Reis/Pulsar Imagens; Sergio Pedreira/Pulsar Imagens; Cesar Diniz/Pulsar Imagens; p. 52 y 53: (a) Toniflap/Shutterstock; (b) Cristina de Middel/Magnum Photos/Fotoarena; (c) Maykel Herrera; (d) Alejandro Durán; (e) dabldy/Istockphoto; p. 54: Visual Generation/Istockphoto; p. 56: SrdjanPav/Istockphoto; RinoCdZ/Istockphoto; p. 57: prescott09/Istockphoto; p. 58: WDnet/Istockphoto; (a) Museu do Louvre, Paris; (b) Nasjonalgalleriet, Oslo; (c) JSSIII/Istockphoto; p. 59: (a) Museo del Prado, Madrid; (b) Museo del Prado, Madrid; (c) Museo del Prado, Madrid; p. 60: Courtesy bitforms gallery, New York; p. 61: gorodenkoff/Istockphoto; (a) The Art Institute of Chicago © Succession Pablo Picasso/AUTVIS, Brasil, 2021.; (b) akg-images/Eric Vandeville/Album/Fotoarena © Succession Pablo Picasso/AUTVIS, Brasil, 2021.; (c) Thomas Barrat/Shutterstock © Succession Pablo Picasso/AUTVIS, Brasil, 2021.; p. 62: TkKurikawa/Istockphoto; p. 63: (a) Museo Thyssen-Bornemisza, Madrid; (b) Musee Thyssen-Bornemisza, Madrid; (c) Museo Nacional Thyssen-Bornemisza, Madrid; p. 64 y 65: raw/Istockphoto; graffoto8/Istockphoto; ardaguldogan/Istockphoto; sergey pozhoga/Shutterstock; ktsimage/Istockphoto; p. 66: Jane Barlow/PA Images via Getty Images; p. 67: invincible_bulldog/Istockphoto; p. 68: (a) SeventyFour/Istockphoto; Leight Prayer/Shutterstock; (b) Deagreez/Istockphoto; Master 1305/Istockphoto; (c) fizkes/Istockphoto; urbazon/Istockphoto; (d) PeopleImages/Istockphoto; recep-bg/Istockphoto; p. 69: Prostock-Studio/Istockphoto; Irina Griskova/Istockphoto; p. 70: Tera Vector/Istockphoto; picture alliance/Horst Ossinger/dpa/AGB Photo Library; p. 71: (a) EyeEm/Getty Images; (b) Jules Annan/Retna/Avalon/AGB Photo Library; p. 73: miakievy/Istockphoto; miakievy/Istockphoto; p. 75: Daisy-Daisy/Istockphoto; p. 76 y 77: (a) Punchim/Getty Images; (b) kali9/Getty Images; (c) © Netflix/cortesia Everett Collection/Fotoarena; (d) RgStudio/Getty Images; (e) hocus-focus/Getty Images; (f) metamorworks/iStock/Getty Images; p. 78: Bojan89/iStock/Getty Images Plus; p. 79: PeopleImages/Getty Images; p. 80: Santillana; Syda Productions/Shutterstock; mstudioImages/Getty Images; p. 82: A Contracorriente Films; thenatchdl/Istockphoto; p. 83: FatCamera; iStock/Getty Images; p. 84: Prostock-Studio/iStock/Getty Images Plus; p. 85: aelitta/Istockphoto; kukurikov/Istockphoto; Le_Mon/Istockphoto; p. 86: egal/Istockphoto; p. 88: ASphotowed/Istockphoto; ping198/Shutterstock; Elnur Amikishiyev/Istockphoto; MarioGuti/Istockphoto; vchal/Istockphoto; Rawpixel.com/Shutterstock; Perseomed/Istockphoto; Arpad Benedek/Istockphoto; Bet_Noire/Istockphoto; p. 89: bortonia/Istockphoto; p. 90: grivina/Istockphoto; LSOphoto/Istockphoto; p. 91: Ig0rZh/Istockphoto; filo/Istockphoto; p. 92: (a) whitemay/Istockphoto; (b) dem10/Istockphoto; (c) Mehmet Cetin/Shutterstock; (d) Copyright (c) 2012 Dr Ajay Kumar Singh/Shutterstock. No use without permission./Shutterstock; (e) Trifonov_Evgeniy/Istockphoto; K.Decha/Shutterstock; p. 93: (a) RomanNerud/Istockphoto; (b) Daniel Krason/Shutterstock; (c) CARL DE SOUZA/AFP/Getty Images; (d) serts/Istockphoto; p. 94 y 95: monkeybusinessimages/Getty Images; Sam Edwards/Getty Images; Renato Soares/Pulsar Images; p. 105: Virginia Blizzard; Ediciones SM; p. 106: invincible_bulldog/Istockphoto; SKrow/Istockphoto; p. 107: Mabelin Santos/Istockphoto; p. 108: (a) MarcPo/Istockphoto; (b) Cris Young/Shutterstock; (c) Heather Rose/Istockphoto; p. 109: Chaay_Tee/Istockphoto; p. 111: Museo Nacional Thyssen-Bornemisza, Madrid; Museo Nacional Thyssen-Bornemisza, Madrid; p. 112: Museo Nacional Thyssen-Bornemisza, Madrid; p. 113: Stage Entertainment España; p. 114: (a) Kozlik/Shutterstock; (b) Jim Polakis/Shutterstock; (c) andyross/Istockphoto; p. 115: Macrovector/Istockphoto; p. 116: (a) Por Kozlik/Shutterstock; (b) Alamy/Fotoarena; (c) Boiko Olha/Shutterstock; p. 117: svetikd/Istockphoto; p. 120: André M. Chang/Fotoarena; p. 121: solmariart/Shutterstock; p. 122: yuoak/Istockphoto; Reno Sakti Devissandy/Istockphoto; p. 123: CRISTINA QUICLER/Getty Images; miakievy/Istockphoto; p. 124: (a) inewsistock/Istockphoto; (b) RTimages/Istockphoto; (c) Vershinin/Istockphoto; (d) Venus Kaewyoo/Istockphoto; p. 125: PCH-Vector/Istockphoto; (a) NataliaSokko/Istockphoto; (b) luoman/Istockphoto; (c) CHUYN/Istockphoto; (d) ElenaBelozorova/Istockphoto; p. 126: (a) annatikh/Istockphoto; (b) m-imagephotography/Istockphoto; (c) Liderina/Shutterstock; (d) FG Trade/Istockphoto; p. 128: Vladitto/Shutterstock; jimmyvillalta/Istockphoto; LuisPinaPhotography/Istockphoto; Irina_Strelnikova/Istockphoto; p. 129: MarsBars/Istockphoto; p. 131: Ted Alexander Somerville/Shutterstock; p. 134: (a) Vagengeym_Elena/Istockphoto; (b) urbazon/Istockphoto; (c) Wavebreakmedia/Istockphoto; (d) Ljupco/Istockphoto; ArthurHidden/Istockphoto; p. 135: Nataleana/Istockphoto; p. 136: sladkozaponi/Shutterstock; p. 137: (a) servet yigit/Istockphoto; (b) Nik_Merkulov/Istockphoto; (c) ChamilleWhite/Istockphoto; ESUSDEFUENSANTA/Istockphoto; elnavegante/Istockphoto; p. 138: Museo del Prado, Madrid; p. 139: invincible_bulldog/Istockphoto; Sonya illustration/Istockphoto; p. 140: Anton_Ivanov/Shutterstock; Anton_Ivanov/Shutterstock; p. 141: AP Photo/Markus Schreiber/Glow Images; p. 143: (a) Shannon Stapleton/Reuters/Fotoarena; (b) Hill Street Studios/Getty Images; (c) Frank Hoensch/Getty Images; (d) LightFieldStudios/Shutterstock; p. 144: (a) Demkat/Istockphoto; (b) Gary John Norman/Getty Images; Natalia Fedosenko\TASS via Getty Images; Dziurek/Istockphoto; p. 147: tommaso79/Getty Images; Fafarumba/Shutterstock; p. 149: (a) Juan Naharro Gimenez/Getty Images; (b) Por Kathy Hutchins/Shutterstock; (c) Borja B. Hojas/Getty Images; (d) NurPhoto/Getty Images; (e) Arnold Jerocki/Getty Images; (f) Pierre Suu/Getty Images; p. 150: (a) fizkes/Getty Images; (b) fizkes/iStock/Getty Images; (c) SDI Productions/Getty Images; (d) interstid/iStock/Getty Images; p. 151: Iefym Turkin/Istockphoto; p. 152: yuelan/iStock/Getty Images; yipengge/iStock/Getty Images.

CONOCE TU LIBRO

¡Bienvenido(a)!
¡Abre esta **Ventana al español** y conoce tu libro!

UNIDADES TEMÁTICAS

Serás capaz de...
Cada unidad empieza con los objetivos comunicativos de aprendizaje a ser desarrollados.

¿Qué sabes?
Presenta preguntas sobre las imágenes de apertura y/o cuestiones de prelectura sobre el texto que se encuentra al comienzo de la unidad. Tiene el objetivo de activar los conocimientos previos sobre el tema.

¡A empezar!
Esta sección tiene por finalidad desarrollar la comprensión auditiva y lectora.

Cajón de letras (y sonidos)
Es el espacio de presentación y práctica del vocabulario relacionado con el eje temático de la unidad. Algunas actividades se acceden con un código QR que lleva a una galería de imágenes. En los volúmenes 1 y 2, la sección presenta, además, el estudio de los contenidos fonéticos y, por ello, se llama **Cajón de letras y sonidos**.

¡Acércate!
Esta sección introduce las estructuras gramaticales que contribuyen a una comunicación eficiente.

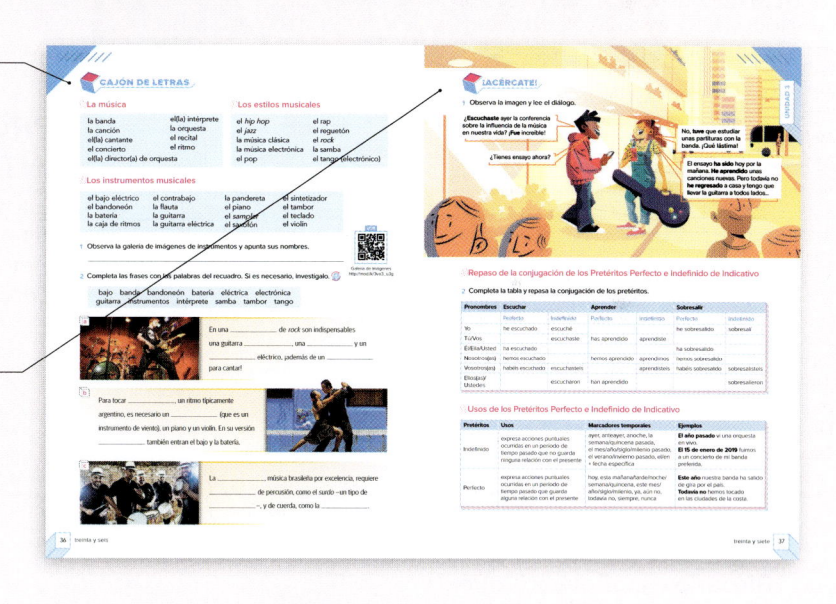

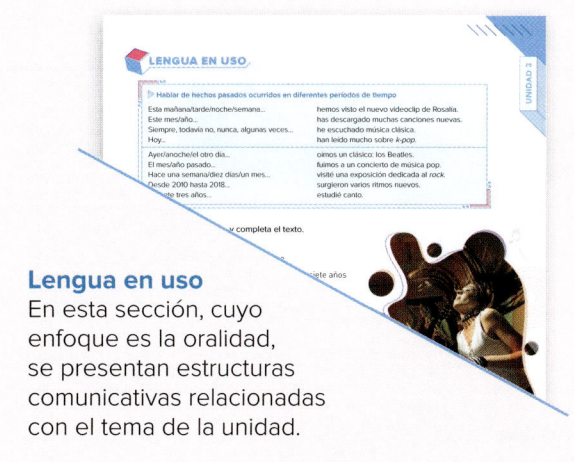

Lengua en uso
En esta sección, cuyo enfoque es la oralidad, se presentan estructuras comunicativas relacionadas con el tema de la unidad.

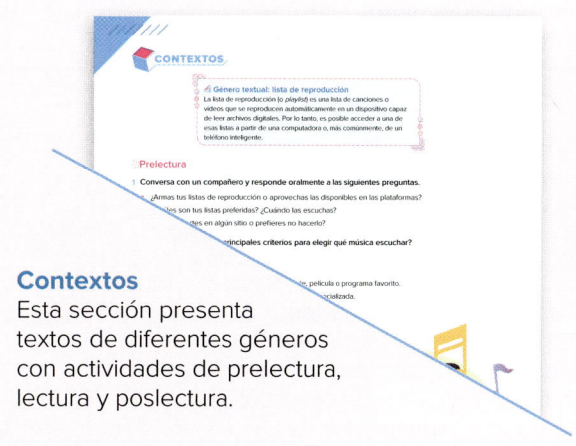

Contextos
Esta sección presenta textos de diferentes géneros con actividades de prelectura, lectura y poslectura.

tres 3

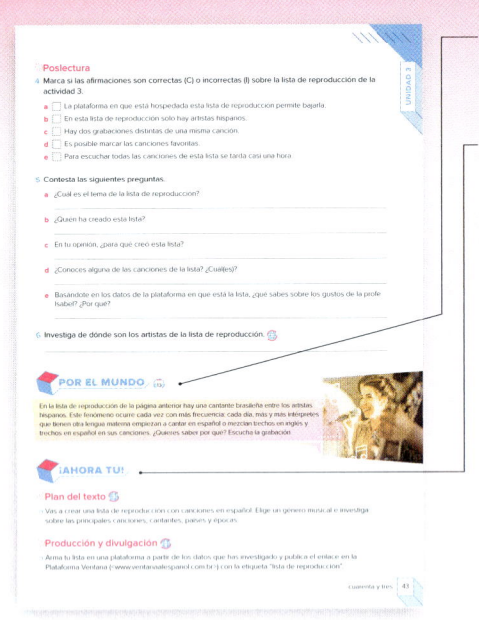

Poslectura

4 Marca si las afirmaciones son correctas (C) o incorrectas (I) sobre la lista de reproducción de la actividad 3.

a ☐ La plataforma en que está hospedada esta lista de reproducción permite bajarla.

b ☐ En esta lista de reproducción solo hay artistas hispanos.

c ☐ Hay dos grabaciones distintas de una misma canción.

d ☐ Es posible marcar las canciones favoritas.

e ☐ Para escuchar todas las canciones de esta lista se tarda casi una hora.

5 Contesta las siguientes preguntas.

a ¿Cuál es el tema de la lista de reproducción?

b ¿Quién ha creado esta lista?

c En tu opinión, ¿para qué creó esta lista?

d ¿Conoces alguna de las canciones de la lista? ¿Cuáles?

e Basándote en los datos de la plataforma en que está la lista, ¿qué sabes sobre los gustos de la profe Isabel? ¿Por qué?

6 Investiga de dónde son los artistas de la lista de reproducción.

POR EL MUNDO

En la lista de reproducción de la página anterior hay una cantante brasileña entre los artistas hispanos. Este fenómeno ocurre cada vez con más frecuencia, cada día, más y más intérpretes que tienen otra lengua materna empiezan a cantar en español o mezclan trechos en inglés y trechos en español en sus canciones. ¿Quieres saber por qué? Escucha la grabación.

¡AHORA TÚ!

Plan del texto

Vas a crear una lista de reproducción con canciones en español. Elige un género musical e investiga sobre las principales canciones, cantantes, países y épocas.

Producción y divulgación

Arma tu lista en una plataforma a partir de los datos que has investigado y publica el enlace en la Plataforma Ventana (www.ventanaalespanol.com.br) con la etiqueta "lista de reproducción".

cuarenta y tres 43

Por el mundo

Presenta aspectos sociales y culturales relacionados con el universo hispanohablante y con conocimientos de mundo en general.

¡Ahora tú!

Esta sección está dirigida a la producción textual de un género relacionado con el de la sección **Contextos** y contempla el plan del texto, su producción y la divulgación en la **Plataforma Ventana al español**.

REPASOS (UNIDADES 4 Y 8)

Estas unidades presentan actividades de repaso para practicar y consolidar los contenidos vistos en las unidades anteriores.

PROYECTOS INTERDISCIPLINARIOS

Estos apartados están dirigidos al trabajo con base en las metodologías activas y los Temas Contemporáneos Transversales.

APÉNDICES

Glosario español-portugués/ portugués-español

Presenta las principales palabras del volumen para ayudar en las tareas de comprensión y producción.

Más contextos

Presenta un texto relacionado con el de la sección **Contextos** para ampliar el análisis de la intertextualidad entre diferentes géneros.

Cuaderno de actividades

Presenta propuestas para repasar y fijar el contenido de las secciones de cada unidad, además de ofrecer estrategias de estudio y de aprendizaje.

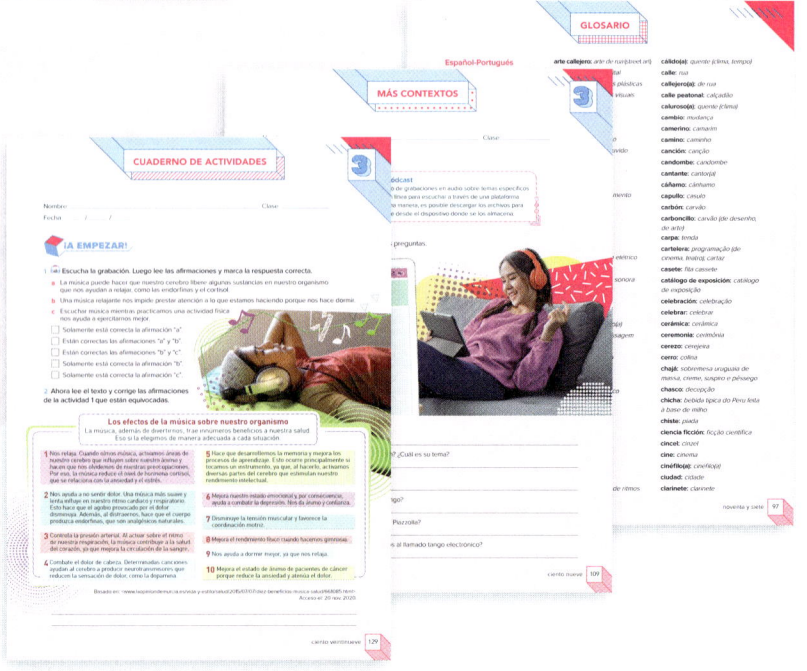

ÍCONOS Y RECUADROS

 Este ícono indica que la actividad es de escucha y/o que su contenido está grabado. Además, el número especifica la pista correspondiente.

Este ícono indica que la actividad es de investigación en internet y/o de publicación en la **Plataforma Ventana al español**.

Los adjetivos sie... en género y núm... niñas obedient...

Ojo

Este recuadro complementa aspectos lingüísticos o culturales relacionados con los contenidos de la sección a que corresponde.

APRENDER MEJOR

Antes de leer el texto, fíjate en el título y en la imagen.

Aprender mejor

Este recuadro del **Cuaderno de actividades** presenta *tips* y orientaciones para contribuir al estudio y al aprendizaje.

COMPONENTES DIGITALES

Códigos QR

Los códigos QR (del inglés *Quick Response*, respuesta rápida) presentan las imágenes animadas de las aperturas de las unidades y las galerías de imágenes de la sección **Cajón de letras (y sonidos)**. Para acceder a estos contenidos, es necesario tener un lector de códigos QR instalado en un dispositivo móvil con cámara (teléfono inteligente o tableta). Escanea el código QR para aprender más.

http://mod.lk/3va_qr

Plataforma Ventana al español

La colección tiene su propia plataforma social para que todos los que estudien con *Ventana al español* compartan las actividades y los proyectos propuestos en el material.

Hay sugerencias de etiquetas en algunas actividades a fin de que, al realizar una búsqueda en la plataforma, se puedan encontrar las publicaciones de otros alumnos sobre la misma actividad. Puedes acceder a la plataforma digitando <www.ventanaalespanol.com.br> en tu navegador cada vez que encuentres, en las unidades, una sugerencia de publicación en la plataforma.

http://mod.lk/3va_pva

Para empezar, escanea el código QR y accede a un video tutorial que enseña cómo se usa la **Plataforma Ventana al español**.

Si no tienes un dispositivo móvil para escanear el código QR, podrás encontrar el video en la página principal de la **Plataforma Ventana al español**, disponible en <www.ventanaalespanol.com.br>.

Recursos digitales en el Portal Educacional Santillana

En el Portal Educacional Santillana están disponibles los audios y los contenidos de los códigos QR del libro impreso. Además, hay objetos digitales como juegos, videos, actividades interactivas, animaciones sobre géneros textuales y otros recursos complementarios que contribuyen al aprendizaje.

Accede a <www.santillanaespanol.com.br> y conoce todos los recursos digitales de la colección.

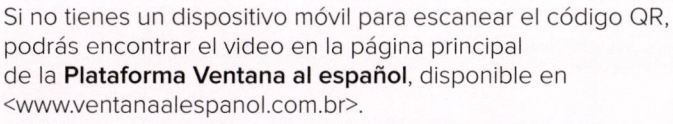
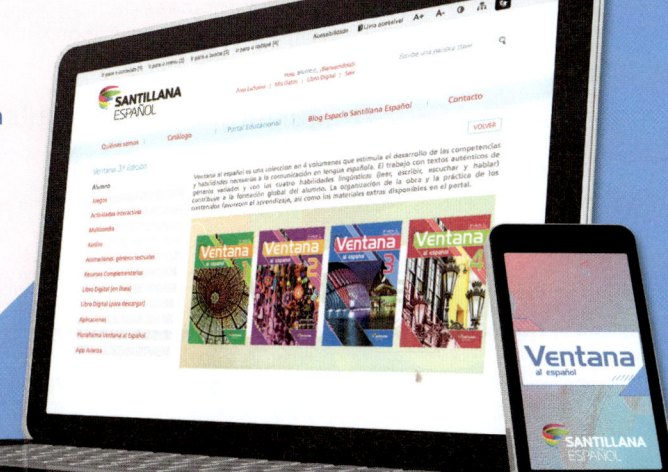

MATERIALES COMPLEMENTARIOS

Acompaña cada volumen de la colección un material que se relaciona con el tema del proyecto de vida y de las competencias socioemocionales y un libro de apoyo a la lectura.

TABLA DE CONTENIDOS

1

ASÍ CELEBRAMOS

▷ reconocer la importancia de las celebraciones en la formación cultural de un pueblo;
▷ identificar algunas fiestas típicas y otras universales;
▷ expresar acciones pasadas en un período de tiempo relacionado con el presente;
▷ comentar una fiesta.

¿QUÉ SABES?

▷ Para ti, ¿qué es una celebración?
▷ ¿Qué, cómo y dónde celebras normalmente?
▷ ¿Qué celebración tradicional de tu país te gusta más? ¿Por qué?

¡A EMPEZAR!

1 Relaciona las imágenes con los siguientes elementos.

☐ Vestimentas típicas.

☐ Cabezones y gigantes.

☐ Embarcaciones.

2 🎧 Vas a escuchar un fragmento de un pódcast sobre celebraciones populares de Latinoamérica. Apunta al menos dos características que se relacionan con esas fiestas.

_____

_____

_____

VTR

Imágenes animadas
http://mod.lk/3va3_u1i

3 🎧 Lee el texto y complétalo con las características de las celebraciones que se presentan en el recuadro.

cabezones y gigantes   comidas y melodías típicas   desfile de embarcaciones
fuegos de artificio   representación   vestimentas típicas

Presentador: Muy buenas tardes a todos los oyentes. Empezamos un episodio más de nuestro pódcast "Descubriendo Latinoamérica" y hoy nuestros invitados nos van a contar sobre algunas celebraciones populares en sus países. Ya les doy la bienvenida y les cedo la palabra.

Isabel: ¡Hola! Soy peruana y en mi país es muy tradicional la celebración del "Inti Raymi", también conocido como "Fiesta del Sol". Realizada el 24 de junio, su principal característica es la _____ llena de color e historia de una antigua ceremonia incaica, escenificada por cientos de actores con _____ de los incas.

Tiago: ¡Buenas tardes! Soy chileno y uno de los festejos más importantes de la región es la "Semana Valdiviana", en la cual se celebra la fundación de la ciudad que le da nombre, Valdivia, y también el fin de la temporada de verano. Su momento de mayor esplendor es el _____ en el río Calle. Tiene lugar todos los años el día 9 de febrero con _____ y _____.

Eva: Para mí, como guatemalteca, el "Baile de los Cabezones y Gigantes" es una de las más importantes festividades de nuestro país. Consiste en un baile realizado el 24 de diciembre, en el cual los _____ toman la plaza de la Catedral de Antigua Guatemala y desfilan por las calles.

4 Conversa con un compañero y comparen sus respuestas a la actividad 2 con los datos del texto.

5 Contesta las siguientes preguntas sobre el texto.

a ¿A qué países corresponden las celebraciones mencionadas por los invitados?

_____

b ¿En cuál de esas celebraciones te gustaría participar? ¿Por qué?

_____

c ¿Las referidas celebraciones se asemejan a alguna de tu país? ¿A cuál(es)?

_____

6 Escribe un título y una descripción para el episodio del pódcast que has escuchado.

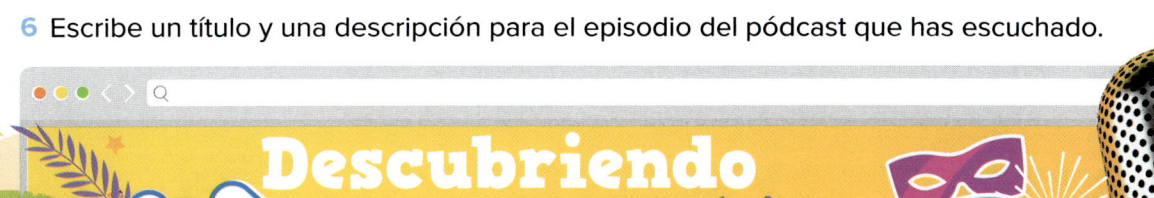

Descubriendo Latinoamérica

7 Conversa con un compañero.

a ¿Cuáles son las celebraciones populares en la región de donde proviene tu familia y cuáles son sus principales características?

b ¿Qué importancia tienen esas celebraciones en la cultura del pueblo de esa región?

8 En grupos, investiguen celebraciones populares de otros países y completen los recuadros con las informaciones que se piden.

Nombre de la celebración:
_____
Fecha:
_____
Lugar:
_____
Principales características:
_____
_____

Nombre de la celebración:
_____
Fecha:
_____
Lugar:
_____
Principales características:
_____
_____

POR EL MUNDO

Las celebraciones típicas no solo están presentes en la vida cotidiana de las civilizaciones, sino también aparecen retratadas en películas, pinturas, músicas y otras manifestaciones estéticas y culturales. Un ejemplo es la película de animación *Día de Muertos*, de 2019, que trata de esta gran celebración nacional mexicana. Para conocer otras producciones artísticas que se refieren a las festividades tradicionales, escucha la grabación.

CAJÓN DE LETRAS

el adorno	la comida	el globo	la música
la atracción	el desfile	la hoguera	el regalo
el baile	el disfraz	la luz	la serpentina
la bebida	los fuegos artificiales	la máscara	la vestimenta típica

Galería de imágenes
http://mod.lk/3va3_u1g

1 Observa las imágenes de la galería y escribe el nombre de los componentes de las fiestas.

_____

2 Indica los componentes que consideras indispensables en las celebraciones a continuación.

a Nochevieja: _____

b Cumpleaños: _____

c Día de la Independencia: _____

3 Con un compañero, elijan una celebración tradicional de su país y hagan una lista de los componentes que se relacionan con ella.

_____

_____

4 En grupos, organicen una fiesta. Indiquen el motivo y el nombre de la celebración y mencionen sus componentes.

a MOTIVO DE LA CELEBRACIÓN:

_____

b NOMBRE:

_____

c COMPONENTES:

_____

1 Observa la imagen y lee el texto.

> Este año **hemos celebrado** juntos la Nochevieja. Mis padres **han recibido** a algunos amigos y **hemos disfrutado** mucho.

)))Participios regulares

Terminados en "-ar"	celebrar	aprovechar
	celebrado	aprovechado
Terminados en "-er"	conocer	vender
	conocido	vendido
Terminados en "-ir"	recibir	sentir
	recibido	sentido

OJO

El Pretérito Perfecto de Indicativo se forma con el verbo "haber" y el participio del verbo principal. Se emplea en un período pasado que se relaciona con el presente o que incluye el momento presente, como en el texto de la imagen ("este año"). También se usa en contextos en que no se menciona cuándo algo ha sucedido.

)))Pretérito Perfecto de Indicativo

Verbos regulares

Pronombres	Verbo "haber" en Presente de Indicativo	Participio		
		Disfrutar	Entender	Vivir
Yo	he			
Tú/Vos	has			
Él/Ella/Usted	ha	disfrutado	entendido	vivido
Nosotros(as)	hemos			
Vosotros(as)	habéis			
Ellos/Ellas/Ustedes	han			

2 Haz un círculo alrededor de los verbos cuyo participio termina en "-ado" y subraya los verbos cuyo participio termina en "-ido".

comer   comprar   expandir   festejar   organizar   partir   participar   tener

3 Completa las frases con los verbos de la actividad anterior conjugados en Pretérito Perfecto de Indicativo. No usarás todos.

a Nunca _____ de los desfiles de la Independencia. [nosotras]

b A Laura le encanta celebrar su cumple; sin embargo, este año no _____ mucho tiempo para organizar la fiesta.

c Después del almuerzo del Día del Padre, _____ de Santiago.

d Mis primos _____ los billetes para el Festival.

e Celebrar el Carnaval es una costumbre que se _____ por muchos países.

4 Conjuga los verbos en Pretérito Perfecto para detallar la realidad de estos eventos.

La carne se _____ y la pasta _____ seca. [quemar / quedar]

No me _____ un coche. [regalar]

5 Observa las imágenes y conjuga los verbos en Pretérito Perfecto de Indicativo para describir qué han hecho estas personas en cada celebración.

cantar   comer   dormirse   reírse

Nosotros _____.

Yo _____.

Ellas _____.

Vosotros _____.

6 Pregunta a un compañero qué ha hecho en la última fiesta a la que ha ido, cómo era, quiénes han participado y qué se ha celebrado. Apunta su respuesta a continuación.

_____

LENGUA EN USO

▷ **Reconocer la importancia de las celebraciones en la formación cultural de un pueblo**

Esta celebración promueve/desarrolla/incentiva... la cultura nacional/las costumbres típicas del país.

Los componentes característicos de esta celebración son...

Esta festividad se celebra desde...

En ella participan... adultos/ancianos/niños, etc.

Sus principales características son...

▷ **Identificar fiestas típicas y universales**

Esta es una fiesta típica/tradicional de...

Esta es una celebración universal.

▷ **Expresar acciones pasadas en un período de tiempo relacionado con el presente**

Este mes/año he ido...

Siempre/Algunas veces/Nunca he participado de...

Esta semana/mañana/tarde/noche he estado...

Hoy he visitado...

▷ **Comentar una fiesta**

La fiesta ha sido... fantástica, animada, interesante, divertida/aburrida, organizada/desorganizada.

En la fiesta ha habido... (mucha/poca) bebida, comida, gente, música, danza, atracciones.

1 Elige una de las festividades a continuación, investiga sobre ella y apunta los datos más relevantes en el cuaderno. Luego descríbesela a un compañero usando expresiones para reconocer su importancia en la formación cultural de su pueblo.

> **El Carnaval** (diferentes países)
>
> **El Día de Muertos** (México)
>
> **El Festival de Parintins** (Brasil)
>
> **La Feria de las Flores** (Colombia)
>
> **La Fiesta de la Vendimia** (Argentina)
>
> **La Tomatina** (España)

2 030 Apunta los nombres de las celebraciones que se mencionan en la grabación e indica si son fiestas universales o típicas. En este caso, indica de dónde son.

a _____

b _____

c _____

3 Haz las siguientes preguntas a un compañero. Luego intercambien los papeles.

a ¿Este año has ido a alguna celebración? ¿Era típica o universal?

b ¿Este mes has participado de alguna fiesta? ¿Cómo ha sido?

c ¿Esta semana has estado en algún festejo? ¿Cuál?

4 Elige una de las imágenes y pide a un compañero que te describa cómo ha sido y quién ha acudido a la celebración. A continuación, coméntale la otra.

1 Observa la imagen y lee el diálogo.

¿Este regalo es para **mí**?

Vas a descubrirlo después; esta es **mi** sorpresa.

))) Acento diacrítico

Palabras	Ejemplos
Él: pronombre sujeto de la 3.ª persona del singular	**Él** ha ido a muchas fiestas este año.
El: artículo determinado masculino singular	**El** pueblo celebró la Independencia.
Tú: pronombre sujeto de la 2.ª persona del singular	**¿Tú** ya has estado en el Carnaval de Brasil?
Tu: posesivo de la 2.ª persona del singular	¿Cuándo es **tu** cumple?
Sí: adverbio de afirmación	**Sí**, seguramente vamos a la fiesta de Martín.
Si: conjunción condicional	**Si** no llueve, vamos al festival.
Más: adverbio de cantidad	Este año las casas están **más** decoradas para el Mundial de Fútbol.
Mas: conjunción adversativa	La festividad es universal, **mas**(*) en cada país se celebra de diferente manera.
Aún: adverbio, sinónimo de "todavía"	**Aún** no empezamos a enviar las invitaciones para la boda.
Aun: adverbio, sinónimo de "incluso"/"hasta"	Todos van a bailar en la celebración, **aun** los que no han participado de los ensayos.
Mí: pronombre personal de la 1.ª persona del singular, usado después de preposición	Para **mí**, la Fiesta de San Blas es la más popular de Paraguay.
Mi: posesivo de la 1.ª persona del singular	Esta es **mi** máscara para el desfile.
Té: sustantivo	En el cumple del niño nos han servido **té** y zumos.
Te: pronombre personal reflexivo y complemento de la 2.ª persona del singular	¿Qué te vas a poner para la fiesta? **Te** he comprado este disfraz para la fiesta.
Sé: verbo "saber" en la 1.ª persona del singular del Presente de Indicativo	No **sé** cuándo van a divulgar la programación del festival. Los niños se han disfrazado de marionetas.
Se: pronombre personal reflexivo y complemento de la 3.ª persona del singular y del plural	**Se** lo he dicho mil veces: no pueden faltar a mi fiesta de cumpleaños.

(*) La conjunción "mas" es de uso literario y no coloquial.

2 Haz un círculo alrededor de la palabra que completa correctamente cada frase.

a No **sé** / **se** cuándo empezaron a celebrar la Nochevieja.

b **Sí** / **Si** puedo, voy a cenar con mi familia para celebrar el Día de la Madre.

c He bebido este **té** / **te** en una boda y me ha gustado muchísimo.

d **Él** / **El** lugar del festival aún no ha sido divulgado.

e Para **mí** / **mi**, el Carnaval de Oruro es encantador.

f Las Fiestas de San Fermín son unas de las **mas** / **más** famosas de España.

3 🎧 040 Escucha los mensajes de voz enviados a Jorge y complétalos.

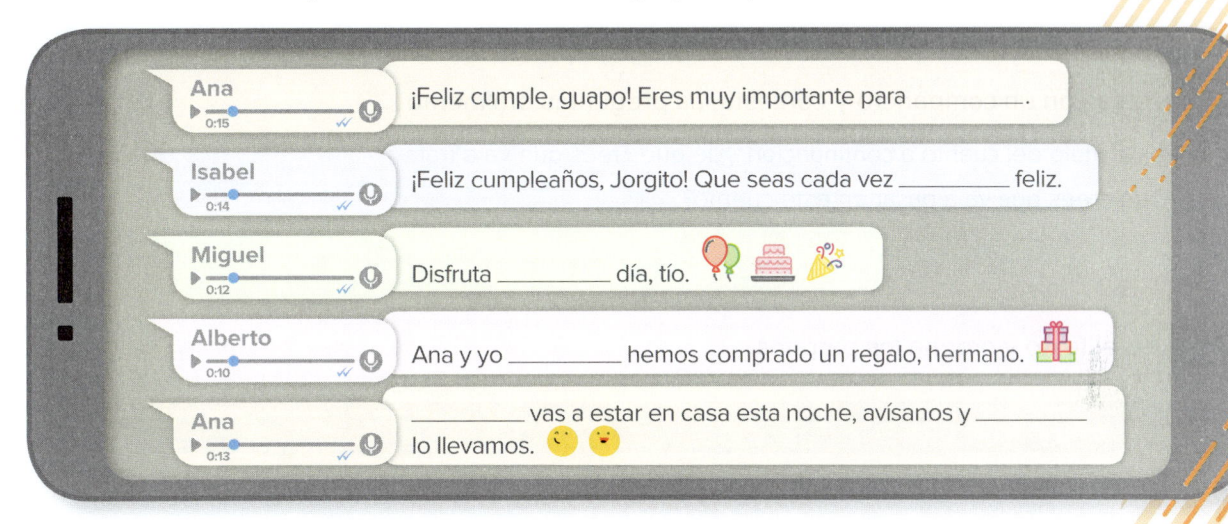

Ana 0:15 ¡Feliz cumple, guapo! Eres muy importante para _____.

Isabel 0:14 ¡Feliz cumpleaños, Jorgito! Que seas cada vez _____ feliz.

Miguel 0:12 Disfruta _____ día, tío. 🎈🎂🎉

Alberto 0:10 Ana y yo _____ hemos comprado un regalo, hermano. 🎁

Ana 0:13 _____ vas a estar en casa esta noche, avísanos y _____ lo llevamos. 🙂🙂

4 Escribe un mensaje para felicitar a un amigo por su cumple. Deberás usar, al menos, dos palabras con acento diacrítico y dos verbos conjugados en Pretérito Perfecto de Indicativo.

_____

_____

5 Vuelve al texto de la sección **¡A empezar!**, encuentra ejemplos de palabras con acento diacrítico y explica la función de cada una de ellas.

_____

6 Escribe un diálogo que pueda tener lugar en la siguiente situación usando al menos dos diacríticos.

_____

_____

_____

_____

_____

_____

_____

_____

CONTEXTOS

> ### 📐 Género textual: cuento
>
> El cuento es un género literario que consiste en una narración breve y concisa con un único conflicto. Posee algunos elementos tradicionales como: personajes, tiempo, espacio, enredo y narrador. Este último puede ser en 1.ª persona (cuando participa de la historia) o en 3.ª (cuando narra las acciones realizadas por otros). Además, los cuentos pueden ser de diferentes tipos como: cuentos de hadas, de ciencia ficción, de terror, fantásticos, entre otros.

⟫Prelectura

1 Conversa con un compañero y contesta las preguntas oralmente.

a Por el título del cuento a continuación, ¿de qué crees que va a tratar?

b ¿Qué crees que va a pasar en este cuento?

⟫Lectura

2 🎧 Lee el texto y ordena los párrafos.

Cumpleaños de Beto

☐ —Bueno, si no puedes más, déjalo ahí —me dijo al fin la madre de Beto—, pero estás muy flaquito. El poco tiempo que quedaba antes que llegara mi hermana lo pasé jugando con Beto y los otros niños. Algunos me preguntaban por qué había desaparecido de repente, qué había sucedido con mi antigua casa o cómo era vivir en las afueras. Ya para ese momento tenía respuestas esquivas, lo suficiente para evitar la verdad.

☐ Después que cantamos el feliz cumpleaños y comimos la torta, mi hermana tocó la puerta. En medio a tantos rostros, al igual que yo, hizo lo mejor que pudo para encajar. [...] Antes de salir del barrio, conduje a mi hermana a nuestra antigua casa. Le enseñé la ventana y el vidrio roto, las piedras, la basura, el jardín destruido.
—Ya no importa, esto ahora es del banco —me dijo tratando de tranquilizarme.

☐ El cumpleaños de Beto tuvo todo lo que tenían los de cualquier niño de ese barrio: animadores, un espectáculo de magia, golosinas, juegos, sorpresas, piñata y torta. Había lugar suficiente en esa gran casa de tres plantas para los muchos niños que habíamos llegado. El único aspecto extraño fue que, a diferencia de los otros niños, me sentaron a una mesa del costado y me dieron de comer. [...] Yo no la había pedido: era una masa rellena de pollo y aceitunas de un sabor seco, desagradable [...].

☐ Apúrate, Javier, vamos a jugar —me dijo Beto después de un rato.
Metía grandes cucharas de comida a mi boca y trataba de pasar, pero me costaba. Los otros niños disfrutaban los juegos y yo me sentía atrapado en esa mesa frente a la mirada de su familia [...].

PIZARRO ROMERO, Javier. "Cumpleaños de Beto". Disponible en: <https://revistaperronegro.com/cumpleanos-de-beto-un-cuento-inedito-de-javier-pizarro/>. Acceso el: 10 nov. 2020.

))) Poslectura

3 Apunta las informaciones de acuerdo con el texto.

a Personajes que aparecen en el cuento: _____

b Personajes que no aparecen en el cuento, pero son mencionados: _____

c Ambiente: _____

d Narrador: _____

e Elementos de la fiesta: _____

4 Contesta oralmente las siguientes preguntas sobre el texto.

a ¿Crees que a Javier le gustó la comida que le ofreció la mamá de Beto? ¿Por qué?

b ¿Por qué te parece que la mamá de Beto le sirvió esa comida a Javier?

c ¿Cuál era la "verdad" que Javier escondía de sus amigos con relación a la casa en que había vivido en el barrio?

d Investiga y contesta: ¿qué es la piñata? 🌐

5 Conversa con un compañero y discutan sobre:

a la actual situación financiera de Beto y Javier.

b la diferencia entre los lugares en los cuales los dos chicos viven actualmente.

c el sentimiento que Javier nutre por lo que sucedió con su antigua casa.

6 Con el mismo compañero de la actividad anterior, lean los comentarios y compárenlos con sus opiniones.

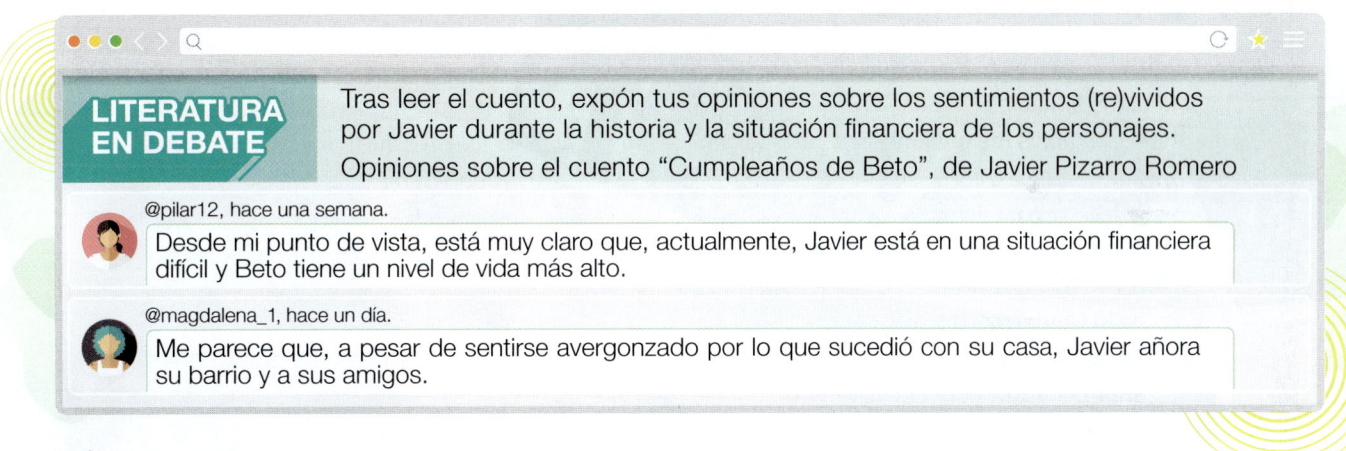

LITERATURA EN DEBATE

Tras leer el cuento, expón tus opiniones sobre los sentimientos (re)vividos por Javier durante la historia y la situación financiera de los personajes.

Opiniones sobre el cuento "Cumpleaños de Beto", de Javier Pizarro Romero

@pilar12, hace una semana.
Desde mi punto de vista, está muy claro que, actualmente, Javier está en una situación financiera difícil y Beto tiene un nivel de vida más alto.

@magdalena_1, hace un día.
Me parece que, a pesar de sentirse avergonzado por lo que sucedió con su casa, Javier añora su barrio y a sus amigos.

¡AHORA TÚ!

))) Plan del texto 🌐

❑ Vas a escribir un comentario, en un foro de literatura, sobre un cuento que se refiera a celebraciones. La clase va a elegir el cuento. Léelo y reflexiona sobre su contenido.

❑ Organiza tus ideas y tu opinión sobre el texto y esboza tu comentario. Discute los aspectos que te parecieron más interesantes, el comportamiento de los personajes, el desenlace, etc.

))) Producción y divulgación 🌐

❑ Pide a un compañero que revise tu texto y haz las correcciones y reformulaciones necesarias.

❑ Con todo el grupo, reúnan los comentarios y publíquenlos en la Plataforma Ventana (<www.ventanaalespanol.com.br>) con la etiqueta "comentario de cuento".

2 ¡QUÉ BUENO ES VIAJAR!

a

b

c

VTR

Imágenes animadas
http://mod.lk/3va3_u2a

Serás capaz de...

▷ hablar sobre el estado del tiempo y las estaciones del año;
▷ hablar de acciones pasadas que se relacionan con el presente;
▷ hacer pedidos o dar consejos sobre viajes.

¿QUÉ SABES?

▷ ¿Te gusta viajar? ¿Por qué?
▷ ¿Adónde fuiste en tu último viaje? ¿Recuerdas cómo estaba el tiempo?
▷ ¿Qué lugares sueñas conocer?

¡A EMPEZAR!

1 Relaciona las frases con las imágenes.

☐ ¿Más valijas? ¡Ya está lleno el maletero!

☐ Vi muchas atracciones turísticas en mi último viaje.

☐ Me encanta observar el paisaje cuando viajo en tren o en autobús.

☐ Tengo que apurarme o voy a perder el avión.

☐ ¡Son tantos los lugares que me gustaría conocer en el mundo!

☐ Me gusta viajar, pero detesto hacer la valija.

2 🎧 Escucha un fragmento de un pódcast sobre turismo y completa las frases.

a Hacer el _____ y los _____ del viaje no es tan divertido como disfrutar los paseos.

b Para Raquel, conviene empezar el planeamiento por el programa de _____ y _____ que se quiere visitar.

c Lorena piensa que es fundamental investigar el _____ y el _____ del lugar a visitar.

3 🎧 Lee la transcripción del pódcast. ¿Cuál es el tema principal de esta edición?

Muévete por ahí: ¿cómo planear el viaje?

Julián: Está empezando una edición más de nuestro pódcast "Muévete por ahí". Viajar es muy bueno, ¿verdad? A mí me encanta, pero para que todo salga bien y el viaje sea todo lo que esperamos, hace falta planear. Sí, amigos, por más que uno esté con muchas ganas de salir pronto de casa y disfrutar las alegrías del paseo, hay que cuidar primero la parte no tan divertida del proceso: el equipaje y los planes. Me acompañan hoy Lorena Márquez, del blog de viajes "El viaje de Lore", y la periodista Raquel Molina, del programa "Se trata de turismo", que se transmite todos los jueves aquí en la radio Mundo. A ver, ¿por dónde creen que debe empezar uno a planear su viaje?

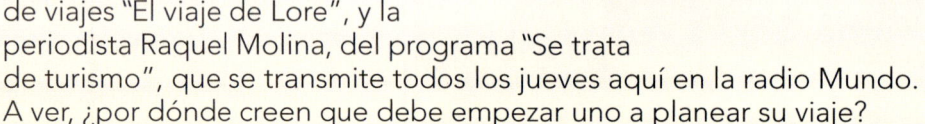

Raquel: Gracias por la invitación, Julián. A mí me parece que conviene empezar por el programa de paseos y atracciones que se quiere visitar, planificar el tiempo en cada lugar, comprar los billetes, ver si hay transporte...

Lorena: Estoy de acuerdo y pienso que uno de los pasos fundamentales de ese planeamiento es investigar qué clima tiene el lugar de destino, qué tiempo va a hacer en el período del viaje...

Julián: Sí, sí, eso es importante, clima y tiempo son cosas distintas...

Lorena: Por supuesto, así que, por ejemplo, puede que el clima característico de un lugar sea caluroso y soleado, pero que, en la semana en la que estarás allí, haya previsión de lluvias y tormentas.

Raquel: Incluso huracanes en algunas regiones, ¿no?

Lorena: Sí, imagínense, ¡por eso es tan importante planear!

4 ¿Quiénes participan en ese pódcast? Relaciona las columnas.

a Julián. ☐ Tiene un blog.

b Lorena. ☐ Trabaja en un programa de radio.

c Raquel. ☐ Presenta el pódcast "Muévete por ahí".

5 ¿Por qué han sido invitadas Lorena y Raquel a participar del pódcast de Julián?

_____

6 ¿Qué entiendes por "clima" y "tiempo"? ¿Cómo explica Lorena esa diferencia?

_____

_____

7 Investiga y completa las siguientes etapas del planeamiento de un viaje.

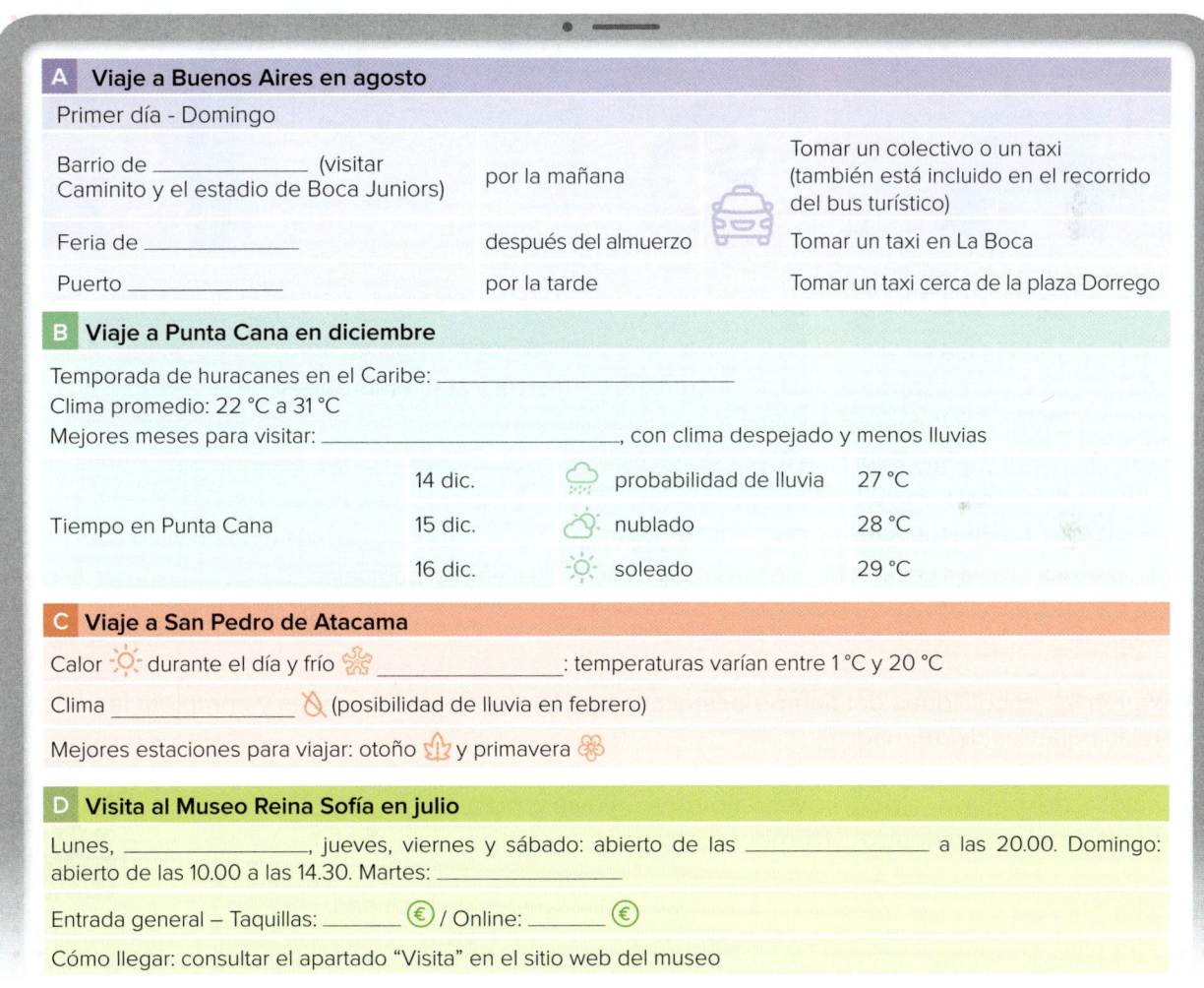

A Viaje a Buenos Aires en agosto

Primer día - Domingo

Barrio de _____ (visitar Caminito y el estadio de Boca Juniors)	por la mañana	Tomar un colectivo o un taxi (también está incluido en el recorrido del bus turístico)
Feria de _____	después del almuerzo	Tomar un taxi en La Boca
Puerto _____	por la tarde	Tomar un taxi cerca de la plaza Dorrego

B Viaje a Punta Cana en diciembre

Temporada de huracanes en el Caribe: _____

Clima promedio: 22 °C a 31 °C

Mejores meses para visitar: _____, con clima despejado y menos lluvias

Tiempo en Punta Cana	14 dic.	probabilidad de lluvia	27 °C
	15 dic.	nublado	28 °C
	16 dic.	soleado	29 °C

C Viaje a San Pedro de Atacama

Calor ☀ durante el día y frío ❄ _____: temperaturas varían entre 1 °C y 20 °C

Clima _____ (posibilidad de lluvia en febrero)

Mejores estaciones para viajar: otoño 🍁 y primavera 🌸

D Visita al Museo Reina Sofía en julio

Lunes, _____, jueves, viernes y sábado: abierto de las _____ a las 20.00. Domingo: abierto de las 10.00 a las 14.30. Martes: _____

Entrada general – Taquillas: _____ € / Online: _____ €

Cómo llegar: consultar el apartado "Visita" en el sitio web del museo

8 Conversa con un compañero: ¿te acuerdas de algún viaje que hayas hecho con o sin planeamiento? ¿Cómo fue? ¿Hubo alguna diferencia? ¿Qué detalles se planearon o deberían haberse planeado?

9 En grupos, investiguen sobre lugares turísticos brasileños y discutan: ¿cómo es el clima? ¿Cuál es la mejor época para viajar a ese lugar? ¿Qué hay que saber antes de viajar? ¿Qué se puede hacer en ese lugar? ¿Cómo se podría planear un viaje a ese destino?

Las estaciones del año

LA PRIMAVERA

EL VERANO

EL OTOÑO

EL INVIERNO

1 Vuelve a la actividad 7 de la página anterior y completa las frases con las estaciones del año.

a La mejor época para visitar Punta Cana, en la República Dominicana, es de diciembre a abril. Allí
es _____ (la _____ empieza en marzo) y aquí en Brasil es _____
(el _____ empieza en marzo).

b Conviene viajar a San Pedro de Atacama, en Chile, en _____ y _____, pues las
temperaturas son más agradables.

c El plan de ir a Buenos Aires es para agosto, cuando es _____ en Argentina.

d La persona que va a visitar el Museo Reina Sofía quiere viajar en julio porque es _____ en España.

El clima y el tiempo

2 Observa las condiciones del tiempo destacadas en la galería de imágenes y completa las frases
con las palabras del recuadro.

> calor   despejado   frío   llover   llovizna   lluvia   niebla
> nieva   nubes   soleado   tormenta   truenos   viento

Galería de imágenes
http://mod.lk/3va3_u2g

a Hace _____ y _____ en algunas partes de la ciudad.

b Hay muchas _____. Parece que va a _____.

c El cielo está _____ y hace muy buen tiempo. Está _____ y caluroso.

d Hoy habrá _____ y _____. Conduce con cuidado.

e Hay _____ fuerte y oigo unos _____... ¿crees que habrá una _____?

f El _____ llega a ser sofocante, ¿verdad? ¡Ojalá que venga la _____ para refrescarnos!

3 Investiga sobre las condiciones atmosféricas de un país, ciudad o región que te gustaría conocer.
Apunta las principales informaciones sobre el clima del lugar. 🌐

¡ACÉRCATE!

1 Observa la imagen y lee el diálogo.

¡No ha **hecho** buen tiempo un solo día de esta semana!

Te he **dicho** que deberíamos haber consultado el pronóstico...

))) Participios irregulares

Infinitivo	Participio	Infinitivo	Participio
abrir	abierto	morir	muerto
cubrir	cubierto	poner	puesto
decir	dicho	resolver	resuelto
devolver	devuelto	romper	roto
escribir	escrito	satisfacer	satisfecho
hacer	hecho	ver	visto
inscribir	inscrito	volver	vuelto

2 Completa las frases con el participio de los verbos del recuadro.

> abrir   escribir   posponer   resolver   satisfacer   ver   volver

a Si hubiese _____ que iba a llover tanto, habría _____ el viaje.

b Está _____ en el periódico que va a nevar en el sur este fin de semana.

c El parque va a estar _____ para los turistas en primavera y verano.

d Hemos _____ viajar en las vacaciones debido a las promociones de vuelos.

e Estoy muy _____ con el viaje. He _____ hoy y todavía estoy publicando fotos.

3 Relaciona las imágenes con las frases. Luego escribe el infinitivo que corresponde al participio destacado.

☐ Mi computadora está **rota**, así que voy a hacer el plan del viaje en el teléfono móvil. _____

☐ ¿Viste lo de los osos polares que han **muerto** a causa del cambio climático? Eso es muy triste... _____

☐ No te quedes tanto tiempo **expuesto** al sol. _____

☐ Mis amigos me han **propuesto** acampar en lugar de quedarnos en un hotel. _____

4 Observa la imagen y lee el diálogo.

> Estas fotos son de mi viaje a Perú. Aún no las **has visto**, ¿verdad?

> En realidad ya las **he visto** dos veces... ja, ja, ja. ¡Pero me encantan!

》Pretérito Perfecto de Indicativo

Verbos irregulares

Pronombres	Verbo "haber" en Presente de Indicativo	Participio
Yo	he	
Tú/Vos	has	
Él/Ella/Usted	ha	visto, abierto, hecho, puesto, vuelto, etc.
Nosotros(as)	hemos	
Vosotros(as)	habéis	
Ellos(as)/Ustedes	han	

OJO

En la imagen, las chicas se refieren a acciones que han ocurrido en un período pasado que se relaciona con el presente o que incluye el momento presente. Este tiempo verbal se utiliza más en España que en América Latina, donde predomina el uso del Pretérito Indefinido de Indicativo.

5 Completa las frases con los verbos en Pretérito Perfecto de Indicativo.

a Las nubes _____ el sol todas las veces que he tratado de fotografiar el paisaje. [cubrir]

b Todavía no _____ el plan del viaje, ¿verdad? ¡Tenéis poco tiempo! [hacer]

c La agencia aún no me _____ el dinero. Ya les _____ tres veces que no puedo viajar. [devolver / decir]

d He usado esta cámara fotográfica muchas veces y nunca se _____. [romper]

6 Relaciona las columnas para formar frases y conjuga los verbos del recuadro en Pretérito Perfecto de Indicativo.

> escribir   inscribir   oponer   reabrir   volver

a Este autobús ya _____

b Nunca _____

c Las autoridades _____

d Mis hijos se _____

e Ya nos _____

☐ por segunda vez esa atracción turística este año después de restaurarla.

☐ del centro tres veces lleno de turistas.

☐ en el concurso para ganar un viaje a Europa.

☐ a todas las sugerencias de viajes que les he hecho.

☐ un relato de viaje, pero voy a intentarlo.

LENGUA EN USO

> **Hablar sobre el estado del tiempo**

Hoy hace muy buen tiempo. Está despejado y no hay previsión de lluvia.

Qué frío hace, ¿eh? Tal vez haya nieve más tarde.

Ahora hay sol, pero ha estado nublado todo el día.

No ha llovido las últimas semanas; por eso, está tan seco.

> **Hablar de las estaciones del año**

En invierno me encanta viajar a lugares donde hay nieve.

Los colores del otoño en España son lindos, ¿verdad?

Me encantaría visitar Japón en primavera y ver los cerezos en flor.

¿Ya has ido a Uruguay en verano? ¡Hace mucho calor!

> **Hablar de acciones pasadas que se relacionan con el presente**

Siempre he tenido ganas de viajar a Sudáfrica, pero todavía no he ahorrado lo suficiente.

Su autobús sale en tres horas y aún no ha hecho el equipaje.

Hemos viajado al Caribe tres veces, pero aún no hemos visitado San Andrés, en Colombia.

Mis padres nunca han viajado al extranjero; sin embargo, ya han estado en todas las regiones de Brasil.

> **Hacer pedidos o dar consejos sobre viajes**

Dígale al Sr. Gutiérrez que necesito el número de su pasaporte para comprar los billetes.

Tienes que traerme tus documentos hasta el viernes para reservar el vuelo y el hotel.

Ya te he dicho miles de veces que viajes a la Patagonia, pero no me escuchas.

Cuando terminen de leer el programa del viaje, devuélvanselo al guía, por favor.

1 🎧 Escucha la grabación y marca V (verdadero) o F (falso).

a ☐ Camila va a viajar con sus padres a Argentina y a Chile en invierno.

b ☐ El viaje de Arturo a la Patagonia es en enero, que es un mes de verano.

c ☐ Los días son más cortos en verano en la Patagonia.

d ☐ No se pueden conocer los glaciares en la Patagonia en verano.

e ☐ Camila siempre ha tenido ganas de visitar Ushuaia para esquiar.

f ☐ En invierno hay mucha nieve en la Patagonia y es más difícil hacer los paseos.

g ☐ Camila va a hablar con sus padres porque quiere viajar con Arturo y su familia.

2 Corrige oralmente las frases falsas de la actividad anterior.

3 🎧 Escucha el diálogo nuevamente y completa el(los) fragmento(s) en que:

a se habla de una acción pasada relacionada con el presente: "_____ con ver los pingüinos en Ushuaia".

b se describe cómo es el clima en la Patagonia en invierno: "[...] _____ y _____ ".

c se describe cómo ha estado el tiempo en la Patagonia: "[...] este mes _____. Temperaturas por debajo de los 15 grados solo por la noche. ¡Y tampoco _____!".

d se hace referencia a la 1.ª y 3.ª personas del discurso, usando pronombres que no sean "yo" y "él(ellos)/ella(s)": "[...] quiero que _____ cuentes todo cuando vuelvas [...]". / "[...] di_____ a tus padres que _____ deseo un lindo viaje". / "No sé si _____ van a dejar, ¡pero vale la pena preguntar _____!".

4 En parejas, elaboren un diálogo sobre estaciones del año, clima/tiempo y viajes. Usen el Pretérito Perfecto de Indicativo cuando sea posible. Graben mensajes de voz en el teléfono móvil para montar el diálogo y preséntenselo a los demás compañeros.

¡ACÉRCATE!

1 Observa la imagen y lee el diálogo.

¡Por supuesto! Díganme, ¿cuándo piensan viajar?

¿Puedes darnos más detalles sobre el viaje a Guatemala?

》》Pronombres objeto indirecto

Pronombres personales sujeto	Pronombres objeto indirecto	Ejemplos
Yo	me	Ana no **me** ha dicho que estaba planeando un viaje.
Tú/Vos	te	**Te** envío por correo electrónico los folletos de los paseos.
Él/Ella/Usted	le (se)	Este es mi plan de viaje. ¿Puedes enseñár**se**lo a tu hermano a ver si **le** gusta?
Nosotros(as)	nos	El conductor del autobús **nos** explicó cómo llegar al hotel.
Vosotros(as)	os	¿El agente de viaje ya **os** ha pasado el precio del billete?
Ellos(as)/ Ustedes	les (se)	Recuérda**les** a tus padres usar el protector solar en la playa. Siempre **se** lo digo a los míos.

OJO

El objeto indirecto indica al destinatario de la acción del verbo. Por ejemplo, se dice: envía, explica, etc. "algo" (objeto directo) "**a alguien**" (objeto indirecto). Los pronombres objeto indirecto sirven para hacer referencia a estos destinatarios dentro del contexto. Los pronombres "le" y "les" cambian por "se" cuando anteceden a un pronombre objeto directo ("se lo/la/los/las").

2 Haz un círculo alrededor del pronombre objeto indirecto correcto en cada caso.

a Carlos, ¿ya **me** / **te** / **se** han devuelto la guía turística de la Riviera Maya? Quería que **me** / **le** / **se** la prestases, pues pienso ir este año.

b He imprimido la previsión del tiempo y **le** / **se** / **les** la voy a enseñar a Teresa y Lupe.

c ¡Cómo llueve! En la agencia **os** / **nos** / **les** han dicho que iba a hacer buen tiempo... Y ahora estamos aquí sin poder salir del hotel.

d Fabián nunca ha estado en Cuzco. Mejor **les** / **se** / **le** explicas en detalle cómo trasladarse entre las atracciones turísticas.

e ¿La agencia **se** / **os** / **les** ha devuelto todo el dinero después de que desististeis del viaje?

f Es el primer viaje internacional de mis padres. Mis hermanas y yo **se** / **les** / **nos** lo regalamos.

3 Observa la imagen y lee el diálogo.

¡Qué lindo día hace! ¡Di**le** a Rafael que venga a divertirse en la piscina!

Ya **se** lo dije, pero prefiere quedarse en la sala de juegos del hotel...

))) Colocación de los pronombres objeto indirecto

Posición	Casos	Ejemplos
después de	infinitivo	Voy a abrir la página web para mostrar**les** algunas atracciones turísticas de México.
	gerundio	El agente de viajes nos ha llamado varias veces, repitiéndo**nos** que tenemos que aprovechar la promoción.
	Imperativo afirmativo	Recomiénda**le** viajar al sur de Brasil en invierno; le encantará.
antes o después de	perífrasis verbales con infinitivo o gerundio	¿Puedes explicar**me** / **Me** puedes explicar cómo voy de Buenos Aires a Montevideo? Están enseñándo**le** / **Le** están enseñando una guía turística de Punta del Este.
antes de	verbo conjugado en cualquier tiempo y modo (excepto Imperativo afirmativo)	**Me** han dado un folleto sobre promociones de viajes para el invierno.

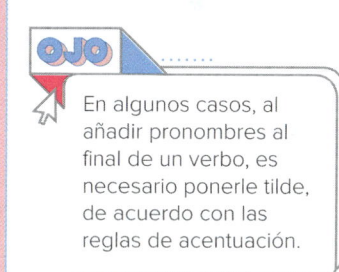

En algunos casos, al añadir pronombres al final de un verbo, es necesario ponerle tilde, de acuerdo con las reglas de acentuación.

4 Reescribe las frases e inserta el pronombre objeto indirecto en la posición correcta.

a Si viajan a Argentina, ¿pueden traer dulce de leche? [me]

_____

b Todavía no he dado los recuerdos que traje del viaje, ¿verdad? [te / te]

_____

c Mi padre cumple años en mayo y quiero regalar un viaje. [le]

_____

d Cuando llegaste, Julio estaba contando historias de su recorrido por Australia. [nos]

_____

e Habla con el agente de viajes y pide que dé unas sugerencias de paseos en Cuba. [le / te]

_____

f Recuerda que tienen que estar en la terminal de autobús antes de las cinco. [les]

_____

CONTEXTOS

🔺 **Género textual: relato de viaje**

El relato de viaje es la narración de los eventos sucedidos durante un viaje, que incluye la descripción de los lugares y las impresiones del autor. Hoy día es un género bastante difundido en internet —en blogs y redes sociales, por ejemplo—, con textos breves acompañados de fotos tomadas durante el viaje. Esos relatos también están presentes en la literatura de viajes y, en este caso, son extensos y pueden narrar sucesos reales o ficticios.

》Prelectura

1 Conversa con un compañero y responde oralmente a las preguntas.

a ¿Ya has leído algún relato de viaje? En caso afirmativo, ¿qué recuerdas del texto?

b ¿Te gustaría escribir un relato sobre un viaje que ya hayas hecho o planeas hacer? ¿Por qué?

2 Observa rápidamente el siguiente texto y contesta oralmente: ¿te parece que se publicó en un sitio web o una red social, o es un ejemplo de literatura de viajes? ¿Por qué tienes esa impresión?

》Lectura

3 🎧 080 Lee el texto y contesta: ¿se escribe en 1.ª o 3.ª persona?

Un día lindo a las orillas del río

Después de pasar unos cuatro días en Buenos Aires, tomamos un ferri que cruza el Río de la Plata. Fue un paseo de un solo día, así que al comienzo de la noche regresamos a Buenos Aires. El cruce del río es muy tranquilo, y ese día estaba nublado y lloviznaba un poco... podía ser perfecto para un sueño breve, pero ni mis amigos ni yo logramos dormir; estábamos ansiosos y encantados con esa experiencia.

El cruce duró más o menos una hora y luego llegamos a Colonia del Sacramento, una ciudad uruguaya conocida por su barrio histórico y sus calles de piedra, cuyas construcciones preservan una bella arquitectura colonial declarada Patrimonio de la Humanidad por la Unesco. La ciudad pasó de manos portuguesas a españolas en varias oportunidades.

Tomamos un bus turístico que hace un recorrido por la ciudad y vimos lugares increíbles como la antigua Plaza de Toros. También caminamos por la rambla, a la orilla del río.

Después de almorzar en un restaurante acogedor y probar el chajá, un postre típico uruguayo —¡exquisito!—, regresamos al centro histórico y conocimos la Calle de los Suspiros (de cuyo letrero sacamos una foto) y el Faro de Colonia del Sacramento. Por la tarde estaba más soleado y cálido, y no llovía. Caminar por esas calles parecía un viaje en el tiempo... me encantó.

La parte que más me gustó del paseo fue subir hasta la parte superior del faro y observar el río. Había un viento muy fuerte y la subida no fue fácil, pero la vista era estupenda.

Desde entonces he visitado Colonia una vez más cuando fui a Montevideo y seguramente volveré cuando pueda.

))) Poslectura

4 Contesta oralmente las preguntas sobre el relato de viaje.

a ¿Qué río cruzó el(la) autor(a) en ferri? ¿De dónde salió y adónde iba?

b ¿Cómo estaba el tiempo por la mañana? ¿Y por la tarde?

c ¿Qué características de la ciudad apunta el(la) autor(a) en su relato?

5 Relee los siguientes fragmentos del relato y relaciónalos con las partes correspondientes.

a "Después de pasar unos cuatro días en Buenos Aires, tomamos un ferri que cruza el Río de la Plata. [...] El cruce duró más o menos una hora [...]".

b "[...] Colonia del Sacramento, una ciudad uruguaya conocida por su barrio histórico y sus calles de piedra, cuyas construcciones preservan una bella arquitectura colonial [...]".

c "La parte que más me gustó del paseo fue subir hasta la parte superior del faro y observar el río. Había un viento muy fuerte y la subida no fue fácil, pero la vista era estupenda".

☐ Descripción de lugares.

☐ Impresiones y sentimientos del autor.

☐ Narración objetiva de hechos.

6 El relato ¿transmite una impresión positiva o negativa del viaje? Haz un círculo alrededor de dos fragmentos que comprueben tu respuesta.

7 Además de la descripción de los lugares, ¿qué otro elemento del relato ayuda a entender cómo es la ciudad? ¿Te parece un recurso importante en este tipo de texto?

Viajar, además de ser una actividad de entretenimiento y descanso, es una forma de tener contacto con otras culturas y aprender sobre arte, historia, geografía, arquitectura, gastronomía, fiestas y tradiciones. El aspecto cultural del turismo se ha tornado un gran atractivo para viajeros de todo el mundo. Escucha la grabación y compruébalo.

))) Plan del texto

❏ Relee el relato anterior y presta atención a las descripciones, los adjetivos empleados y las sensaciones expresadas por el autor.

❏ Piensa si prefieres comentar el relato —explicando qué te pareció, qué más te gustaría saber, qué foto te gustó más, etc.— o hacer un relato breve de un viaje o paseo que pueda relacionarse con algún aspecto del texto (por ejemplo, quizás hayas visitado una ciudad brasileña que también tiene un centro histórico o un faro, o hayas hecho un paseo en ferri, etc.).

))) Producción y divulgación 🌐

❏ Escribe un borrador del comentario o relato. Luego revísalo y analízalo: si fueses el autor del blog o uno de sus lectores, ¿qué te parecería ese texto? ¿Podría molestarle a alguien? ¿Puede generar comentarios de otros lectores del blog? ¿Destaca algún aspecto positivo del relato de la página anterior?

❏ Publica el texto en la Plataforma Ventana (<www.ventanaalespanol.com.br>) con la etiqueta "comentario" o "relato de viaje", según corresponda.

3 UNA VIDA, MUCHAS MELODÍAS

Serás capaz de...

▷ identificar algunos estilos de música e instrumentos musicales;
▷ hablar de hechos pasados ocurridos en diferentes períodos de tiempo.

¿QUÉ SABES?

▷ ¿Qué relación tiene la música con tu vida? ¿La consumes o la produces?
▷ ¿Te parece que hay una música más adecuada a cada momento? ¿Por qué?

¡A EMPEZAR!

1 Relaciona las imágenes con las siguientes frases.

☐ La orquesta interpretó bandas sonoras de películas.

☐ Si me pongo los auriculares, ¡no escucho a nadie más!

☐ ¡El concierto puso a toda la gente en la misma vibra!

☐ No tengo dónde escuchar CD.

☐ Si escucho mi lista de reproducción favorita, ¡bailo!

☐ ¿Qué debo hacer para trabajar como pinchadiscos?

2 🎧 Escucha la grabación y contesta oralmente: ¿cuáles imágenes guardan relación con el tema?

VTR

Imágenes animadas
http://mod.lk/3va3_u3i

3  Lee el texto y, de acuerdo con las afirmaciones, marca la respuesta correcta.

TOCADISCOS PARA VINILO, 1925

CASETE, 1963

¿CÓMO ESCUCHAS MÚSICA?

La música está presente en nuestra vida desde siempre. Sin embargo, si hoy día uno le pregunta a un joven sobre sus CD, seguramente recibirá como respuesta una expresión de sorpresa o incredulidad, sea porque el joven no tiene ninguno, sea porque ni siquiera sabe qué es un CD.

Si antes se escuchaba música a partir de algún soporte físico (primero, los discos de vinilo, después los casetes y luego los CD), ahora lo que se hace es escucharla directamente desde una plataforma de *streaming* de manera mucho más barata y en cualquier lugar. Y, además de escucharla, se miran los videoclips de los cantantes de moda (y los clásicos, ¿por qué no?), que también están en la red disponibles para todos. También es posible ver conciertos desde tu celular o tu computadora, basta con que tengas una conexión rápida: son los *lives*. De internet vienen los ídolos y allí están todos sus éxitos. Si te gusta mucho una canción, puedes comprarla y descargarla en segundos y armar la lista de reproducción de tus sueños, sin tener que pagar por otras canciones que no te interesan y podrían estar en el mismo álbum.

La imagen de un grupo de personas reunidas en un salón para apreciar música es, definitivamente, algo de un pasado cada vez más lejano. Ahora escuchar música es principalmente una actividad individual. Cada uno la escucha desde su teléfono inteligente en cualquier parte. Sin embargo, también se puede considerar una actividad colectiva, puesto que crear listas y publicarlas en las redes sociales es algo frecuente entre las nuevas generaciones.

DISCO COMPACTO, 1980

REPRODUCTORES MP3/MP4, 2000

a Antes las personas escuchaban menos música.

b Además de escuchar música por internet, hoy día es posible ver bandas o cantantes por la red, sea en videoclips, sea en conciertos en vivo.

c Los servicios de *streaming* permiten bajar música de manera totalmente gratuita.

☐ Está correcta solamente la afirmación "a".

☐ Están correctas las afirmaciones "a" y "b".

☐ Están correctas las afirmaciones "a" y "c".

☐ Están correctas las afirmaciones "b" y "c".

☐ Está correcta solamente la afirmación "b".

4 Contesta las siguientes preguntas sobre el texto.

a ¿Cómo se escuchaba música antes?

_____

b ¿Por qué las personas dejaron de tener discos compactos?

_____

c Explica con tus palabras la siguiente afirmación: "Ahora, escuchar música es principalmente una actividad individual. [...] Sin embargo, también se puede considerar una actividad colectiva".

_____

_____

d Y tú, ¿cómo escuchas música? ¿Sueles escucharla solo o con tus amigos?

_____

e ¿Te gusta ver videoclips? ¿Por qué?

_____

5 Relaciona las palabras con sus definiciones.

a Tocadiscos.

b Vinilo.

c Casete.

d Disco compacto.

e Lista de reproducción.

f Servicio de *streaming*.

g Videoclip.

☐ Cinta magnética en la que se registra el sonido y que se almacena en una pequeña caja de plástico.

☐ Pieza audiovisual, generalmente de corta duración, en la que se presenta una única canción con fines promocionales.

☐ Lista de canciones.

☐ Disco fonográfico producido con material de mismo nombre.

☐ Disco óptico en que se graban sonidos de manera digital.

☐ Plataforma desde la cual es posible ver contenidos transmitidos por internet sin descargar los datos al dispositivo del usuario.

☐ Aparato compuesto por un fonocaptor conectado a un altavoz y un platillo giratorio en el que se colocan discos de vinilo para su reproducción.

6 Además de las plataformas de *streaming* o de reproducción de videos, la radio sigue siendo un importante medio de difusión musical. En grupos, investiguen sobre la radio: cuándo y cómo surgió y cuáles fueron sus principales avances hasta nuestros días. Apunten aquí las informaciones que obtengan. 🌐

_____

_____

_____

CAJÓN DE LETRAS

»La música

la banda	el(la) intérprete
la canción	la orquesta
el(la) cantante	el recital
el concierto	el ritmo
el(la) director(a) de orquesta	

»Los estilos musicales

el *hip hop*	el rap
el *jazz*	el reguetón
la música clásica	el *rock*
la música electrónica	la samba
el pop	el tango (electrónico)

»Los instrumentos musicales

el bajo eléctrico	el contrabajo	la pandereta	el sintetizador
el bandoneón	la flauta	el piano	el tambor
la batería	la guitarra	el *sampler*	el teclado
la caja de ritmos	la guitarra eléctrica	el saxofón	el violín

1 Observa la galería de imágenes de instrumentos y apunta sus nombres.

_____

Galería de imágenes
http://mod.lk/3va3_u3g

2 Completa las frases con las palabras del recuadro. Si es necesario, investígalo.

> bajo banda bandoneón batería eléctrica electrónica
> guitarra instrumentos intérprete samba tambor tango

a En una _____ de *rock* son indispensables una guitarra _____, una _____ y un _____ eléctrico, ¡además de un _____ para cantar!

b Para tocar _____, un ritmo típicamente argentino, es necesario un _____ (que es un instrumento de viento), un piano y un violín. En su versión _____ también entran el bajo y la batería.

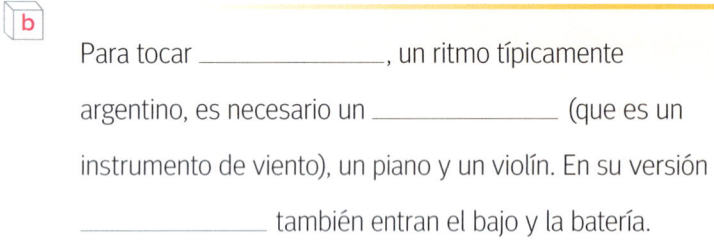

c La _____, música brasileña por excelencia, requiere _____ de percusión, como el *surdo* —un tipo de _____ —, y de cuerda, como la _____.

¡ACÉRCATE!

1 Observa la imagen y lee el diálogo.

¿**Escuchaste** ayer la conferencia sobre la influencia de la música en nuestra vida? ¡**Fue** increíble!

¿Tienes ensayo ahora?

No, **tuve** que estudiar unas partituras con la banda. ¡Qué lástima!

El ensayo **ha sido** hoy por la mañana. **He aprendido** unas canciones nuevas. Pero todavía no **he regresado** a casa y tengo que llevar la guitarra a todos lados...

⟫Repaso de la conjugación de los Pretéritos Perfecto e Indefinido de Indicativo

2 Completa la tabla y repasa la conjugación de los pretéritos.

Pronombres	Escuchar		Aprender		Sobresalir	
	Perfecto	Indefinido	Perfecto	Indefinido	Perfecto	Indefinido
Yo	he escuchado	escuché			he sobresalido	sobresalí
Tú/Vos		escuchaste	has aprendido	aprendiste		
Él/Ella/Usted	ha escuchado				ha sobresalido	
Nosotros(as)	hemos escuchado		hemos aprendido	aprendimos	hemos sobresalido	
Vosotros(as)	habéis escuchado	escuchasteis		aprendisteis	habéis sobresalido	sobresalisteis
Ellos(as)/ Ustedes		escucharon	han aprendido			sobresalieron

⟫Usos de los Pretéritos Perfecto e Indefinido de Indicativo

Pretéritos	Usos	Marcadores temporales	Ejemplos
Indefinido	expresa acciones puntuales ocurridas en un período de tiempo pasado que no guarda ninguna relación con el presente	ayer, anteayer, anoche, la semana/quincena pasada, el mes/año/siglo/milenio pasado, el verano/invierno pasado, el/en + fecha específica	**El año pasado** vi una orquesta en vivo. **El 15 de enero de 2019** fuimos a un concierto de mi banda preferida.
Perfecto	expresa acciones puntuales ocurridas en un período de tiempo pasado que guarda alguna relación con el presente	hoy, esta mañana/tarde/noche/ semana/quincena, este mes/ año/siglo/milenio, ya, aún no, todavía no, siempre, nunca	**Este año** nuestra banda ha salido de gira por el país. **Todavía no** hemos tocado en las ciudades de la costa.

3 Completa las frases con los verbos de la actividad 2. Elige el pretérito según los marcadores temporales.

a Este año Irene _____ a tocar la flauta y ahora va a estudiar clarinete.

b Paco y yo _____ hoy en las audiciones para la coral.

c ¡El mes pasado _____ toda la colección de compactos de *rock* de mi tío!

d Esta noche en el concierto _____ los violines.

e —Rocío, ¿ya _____ la última canción de Jorge Drexler?

—La _____ esta semana y he pensado en ti.

f El mes pasado nosotros _____ sobre la relación entre la música y la literatura.

4 Marca la respuesta correcta de acuerdo con el empleo de los marcadores temporales.

a Estos años _____ el uso de los servicios de *streaming* de música.

☐ ha aumentado ☐ aumentaron ☐ aumentó

b Hace algunos años mis abuelos _____ la oportunidad de asistir a algunos de los más importantes festivales de música popular brasileña.

☐ han tenido ☐ tuvieron ☐ ha tenido

c Nando y Sofía _____ anoche en mi casa; _____ la guitarra y _____ mucho.

☐ han estado – han traído – hemos cantado

☐ estuvieron – han traído – cantamos

☐ estuvieron – trajeron – cantamos

d La música _____ en mi vida cuando era chica. No me imagino sin ella y siempre _____ con ser cantante.

☐ ha entrado – he soñado ☐ entró – he soñado ☐ entró – soñé

e La semana pasada _____ las canciones que _____ en la fiesta de hoy.

☐ bajé – hemos oído ☐ bajé – oímos ☐ he bajado – hemos oído

5 Completa el texto con los verbos del recuadro en Pretérito Perfecto o Indefinido de Indicativo.

cambiar empezar nacer ser surgir

Si en los años 60 la fiebre _____ el *rock'n'roll*, se puede decir que en los días de hoy esto _____ mucho: _____ cada vez más bandas dedicadas al pop y a otros ritmos bailables como el reguetón. En los años 90, desde Oriente, el *k-pop* coreano _____ a atraer a miles de fanes que siguen abarrotando los conciertos dedicados al género.

Otro tipo de música interesante es la folktrónica, que _____ hace unos veinte años y viene cobrando fuerza en los últimos tiempos: se trata de la mezcla de instrumentos del folclore tradicional con música electrónica. Una propuesta osada y creativa.

LENGUA EN USO

> **Hablar de hechos pasados ocurridos en diferentes períodos de tiempo**

Esta mañana/tarde/noche/semana...	hemos visto el nuevo videoclip de Rosalía.
Este mes/año...	has descargado muchas canciones nuevas.
Siempre, todavía no, nunca, algunas veces...	he escuchado música clásica.
Hoy...	han leído mucho sobre *k-pop*.
Ayer/anoche/el otro día...	oímos un clásico: los Beatles.
El mes/año pasado...	fuimos a un concierto de música pop.
Hace una semana/diez días/un mes...	visité una exposición dedicada al *rock*.
Desde 2010 hasta 2018...	surgieron varios ritmos nuevos.
Durante tres años...	estudié canto.

1 🎧 0110 Escucha la grabación y completa el texto.

Desde niña siempre me gustó la música.

_____ a estudiar guitarra a los siete años

y, a los nueve, me _____ mi primera

guitarra eléctrica. Pero a mí lo que me interesaba era la

percusión. Por eso, _____ de instrumento

_____ y desde entonces toco la batería.

Tengo una banda con tres chicas y ya _____

en festivales escolares y en fiestas de conocidos.

_____ nos llamó un productor que nos

_____ tocar hace unos quince días.

¡Quiere hablar con nosotras! ¡Estoy muy ilusionada!

2 Conversa con un compañero sobre tus gustos musicales y pregúntale sobre los suyos.

Ejemplo: De niño escuché mucha música infantil. Pero estos años he escuchado un poco de todo, del pop al *jazz*. ¿Y tú?
A mis padres les gustaba la samba. Por eso, oí mucha música brasileña y aprendí a bailar muy chico. Este año he
empezado a escuchar ritmos hispánicos como el tango electrónico y el reguetón.

3 ¿Qué te parece la idea de formar una banda con los compañeros de clase? Conversa con ellos
para saber si alguno toca un instrumento, canta o tiene composiciones propias y piensen en una
propuesta. ¿Quiénes podrían encargarse de escribir las canciones en español y de cantarlas?
¿Quiénes compondrían las melodías, las grabarían y las tocarían? ¿Quiénes pueden desarrollar
los materiales promocionales? Dividan las tareas y apúntenlas.

_____

_____

¡ACÉRCATE!

1 Observa la imagen y lee lo que dice el artista.

> La gente piensa que la vida de cantante es fácil. ¡No saben que **hay que** estudiar mucho! **Tenemos que** ensayar muchas horas y cuidar la voz. Para los conciertos **tengo que** preparar también el físico, pues son horas intensas sobre el escenario.

))) Perífrasis verbales que expresan obligación

Perífrasis	Usos	Ejemplos
"haber* que" + infinitivo *utilizado en su forma invariable en el presente ("hay") o en la 3.ª persona del singular en pretérito o futuro, según el caso	es invariable y expresa una obligación que vale para cualquier persona	Para ser un buen músico **hay que** estudiar con dedicación.
"tener* que" + infinitivo *conjugado en presente, pretérito o futuro, de acuerdo con el sujeto de la frase	varía según el sujeto, es decir, se usa para expresar una obligación que vale para una o más personas específicas	Felipe y yo **tenemos que** tocar esta noche.
"deber"* + infinitivo *conjugado en presente, pretérito o futuro, de acuerdo con el sujeto de la frase	varía según el sujeto, es decir, se usa para expresar una obligación que vale para una o más personas específicas	Si quiero conocer la música del mundo, **debo escuchar** ritmos diversos.

OJO

En caso de verbos pronominales, en la perífrasis con "haber que" el pronombre va siempre después del infinitivo sin guion. Ejemplo: Para tocar el piano, hay que dedicar**se** mucho.
En las perífrasis con "tener que" o "deber", el pronombre puede ir antes del verbo conjugado o después del infinitivo sin guion. Ejemplos: Para tocar el piano, **te** tienes que dedicar/tienes que dedicar**te** mucho. Para tocar el piano, **te** debes dedicar/debes dedicar**te** mucho.

2 ¿Recuerdas la conjugación de los verbos "haber" y "tener"? Completa la tabla con las perífrasis verbales de obligación.

Haber	Presente	Pretérito Indefinido	Pretérito Perfecto
Forma impersonal		hubo que	
Tener	**Presente**	**Pretérito Indefinido**	**Pretérito Perfecto**
Yo		tuve que	he tenido que
Tú/Vos	tienes que	tuviste que	has tenido que
Él/Ella/Usted	tiene que		
Nosotros(as)		tuvimos que	hemos tenido que
Vosotros(as)	tenéis que	tuvisteis que	
Ellos(as)/Ustedes	tienen que		han tenido que

3 Completa las siguientes frases con las perífrasis del recuadro.

> deben lanzar   hay que   no debes limitarte
> tienes que buscar   tuvieron que hacer   va a tener que aprender

a Anoche los cantantes _____ bis más de una vez.

b No basta solo con oír la música, _____ sentirla.

c Si Antón quiere ser director de orquesta, _____ varios instrumentos.

d Para atraer a un gran público, los cantantes de hoy _____ videoclips que llamen la atención.

e Para hacer un buen proyecto sobre música latinoamericana, _____ información sobre los más variados ritmos. _____ a los estereotipos.

4 Completa las frases con "haber que" y "tener que/deber", según el caso.

a La gente conoce muy poco la música de orquesta.

_____ proporcionar mayor acceso a conciertos clásicos. [impersonal]

b Las cuerdas de mi guitarra se rompieron.

_____ cambiarlas por otras nuevas. [personal]

c Los alumnos han preparado un concierto de nuevos talentos este mes, pero nadie lo sabe.

_____ avisar a todos los alumnos. [impersonal]

d Dulce y Mari no pueden descargar música de internet.

_____ revisar la conexión a la red. [personal]

e Mi primo siempre dice que la única música buena es la del pasado.

_____ conocer a los artistas de las nuevas generaciones a ver si le gustan. [personal]

5 Elige tres de los problemas presentados en la actividad anterior y redacta un nuevo consejo para cada uno.

_____

_____

_____

CONTEXTOS

> **📖 Género textual: lista de reproducción**
>
> La lista de reproducción (o *playlist*) es una lista de canciones o videos que se reproducen automáticamente en un dispositivo capaz de leer archivos digitales. Por lo tanto, es posible acceder a una de esas listas a partir de una computadora o, más comúnmente, de un teléfono inteligente.

))Prelectura

1 Conversa con un compañero y responde oralmente a las siguientes preguntas.

  a ¿Armas tus listas de reproducción o aprovechas las disponibles en las plataformas?

  b ¿Cuáles son tus listas preferidas? ¿Cuándo las escuchas?

  c ¿Las compartes en algún sitio o prefieres no hacerlo?

2 Para ti, ¿cuáles son los principales criterios para elegir qué música escuchar?

  a ☐ Ya conozco la canción.

  b ☐ Recomendación de amigos.

  c ☐ Forma parte de la banda sonora de mi serie, película o programa favorito.

  d ☐ Pertenece a las *top* 10 de alguna publicación especializada.

  e ☐ Otro: _____

))Lectura

3 🎧 Lee la siguiente lista de reproducción.

))))Poslectura

4 Marca si las afirmaciones son correctas (C) o incorrectas (I) sobre la lista de reproducción de la actividad 3.

a ☐ La plataforma en que está hospedada esta lista de reproducción permite bajarla.

b ☐ En esta lista de reproducción solo hay artistas hispanos.

c ☐ Hay dos grabaciones distintas de una misma canción.

d ☐ Es posible marcar las canciones favoritas.

e ☐ Para escuchar todas las canciones de esta lista se tarda casi una hora.

5 Contesta las siguientes preguntas.

a ¿Cuál es el tema de la lista de reproducción?
_____

b ¿Quién ha creado esta lista?
_____

c En tu opinión, ¿para qué creó esta lista?
_____

d ¿Conoces alguna de las canciones de la lista? ¿Cuál(es)?
_____

e Basándote en los datos de la plataforma en que está la lista, ¿qué sabes sobre los gustos de la profe Isabel? ¿Por qué?
_____

6 Investiga de dónde son los artistas de la lista de reproducción. 🌐

_____

POR EL MUNDO 🎧 0130

En la lista de reproducción de la página anterior hay una cantante brasileña entre los artistas hispanos. Este fenómeno ocurre cada vez con más frecuencia: cada día, más y más intérpretes que tienen otra lengua materna empiezan a cantar en español o mezclan trechos en inglés y trechos en español en sus canciones. ¿Quieres saber por qué? Escucha la grabación.

¡AHORA TÚ!

))))Plan del texto 🌐

❑ Vas a crear una lista de reproducción con canciones en español. Elige un género musical e investiga sobre las principales canciones, cantantes, países y épocas.

))))Producción y divulgación 🌐

❑ Arma tu lista en una plataforma a partir de los datos que has investigado y publica el enlace en la Plataforma Ventana (<www.ventanaalespanol.com.br>) con la etiqueta "lista de reproducción".

1 Relaciona cada celebración con sus respectivas características.

a Inti Raymi.

b Baile de los cabezones.

c Semana Valdiviana.

☐ Ceremonia incaica, vestimentas típicas, Fiesta del Sol, Perú.

☐ Desfile de embarcaciones, comidas típicas, fuegos artificiales, Chile.

☐ Baile, el 24 de diciembre, cabezones y gigantes, Guatemala.

2 Las siguientes tarjetas ¿hacen referencia a fiestas típicas o universales?

3 ¿Qué elementos son característicos de cada fiesta de la actividad anterior? Investígalo.

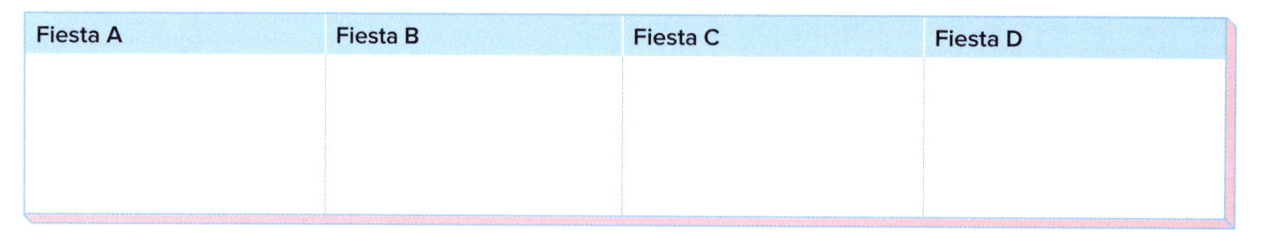

Fiesta A	Fiesta B	Fiesta C	Fiesta D

4 Haz un círculo alrededor de la opción que completa correctamente las descripciones de las fiestas.

a La Tomatina se celebra en la ciudad de Buñol, España. La festividad, que es una de las **mas / más** importantes del país, **se / sé** lleva a cabo siempre **el / él** último miércoles de agosto. Los participantes **se / sé** arrojan tomates con la finalidad **de / dé** divertirse.

b Celebrada en la Provincia de Mendoza, Argentina, la Fiesta de la Vendimia celebra la transformación de la uva en vino gracias al esfuerzo de los viñateros. Entre sus eventos principales está **el / él** Acto Central. **El / Él** espectáculo cuenta con miles de bailarines y actores que realizan bailes, representaciones artísticas y *shows* de luces y sonido.

5 Señala la opción que completa correctamente las frases.

a —Lalo, ¿hay problema ★ María, ★ prima, nos acompaña al Festival?
—Por supuesto que no. Cuanta ★ gente, mejor.

☐ si, mi, más   ☐ si, mí, más
☐ sí, mí, mas   ☐ sí, mi, mas

b — ★ no he comprado un disfraz para el Carnaval. ¿Y ★?
—Yo ★; voy de payaso.

☐ Aún, tu, sí   ☐ Aún, tú, sí
☐ Aun, tú, si   ☐ Aun, tu, si

c —No ★ qué ropa ponerme para la boda.
— ★ quieres, tengo un vestido que ★ puede servir.

☐ sé, Si, te   ☐ se, Sí, té
☐ sé, Sí, te   ☐ sé, Sí, té

6 Escribe el participio de los siguientes verbos.

a Poner: _____.

b Devolver: _____.

c Tener: _____.

d Romper: _____.

7 Conjuga los verbos en el Pretérito Perfecto de Indicativo para formar frases.

> comprar   estar   poder   posponer   probar   volver

_____
_____
_____
_____
_____
_____

8 Conjuga los verbos del recuadro en el Pretérito Perfecto de Indicativo y utiliza los marcadores temporales indicados para formar frases sobre ti.

> ir   planear   querer   ver

a Siempre: _____

b Nunca: _____

c Ya: _____

d Aún no: _____

9 Relaciona los emoticonos con las frases que correspondan.

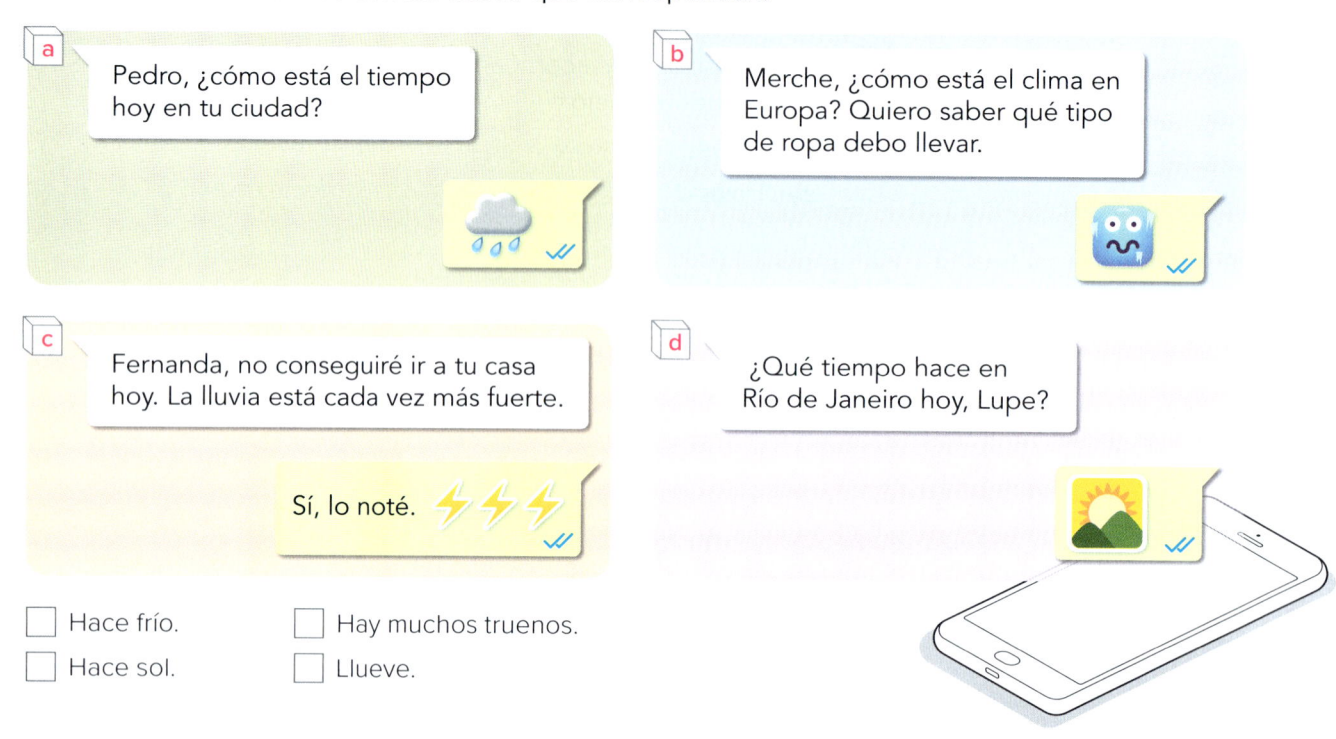

a Pedro, ¿cómo está el tiempo hoy en tu ciudad?

b Merche, ¿cómo está el clima en Europa? Quiero saber qué tipo de ropa debo llevar.

c Fernanda, no conseguiré ir a tu casa hoy. La lluvia está cada vez más fuerte.

Sí, lo noté.

d ¿Qué tiempo hace en Río de Janeiro hoy, Lupe?

☐ Hace frío.   ☐ Hay muchos truenos.
☐ Hace sol.   ☐ Llueve.

10 🎧 014 Numera las imágenes según el orden de los diálogos y apunta cómo está el tiempo y de qué estación del año se trata probablemente.

a

b

c

d

11 Señala la opción correcta con relación al uso del pronombre objeto indirecto.

a En la frase "Yo te sigo diciendo lo mismo: ¡viaja más!", el pronombre también podría aparecer después del verbo "diciendo", pegado a él y con tilde en el gerundio: "sigo diciéndote".

b En la frase "Amigo, ¿puedo contarte algo?", el uso del pronombre está correcto.

c Cuando el pronombre acompaña un verbo conjugado en el Pretérito Perfecto de Indicativo, debe ser colocado siempre antes del verbo.

☐ Solo las afirmaciones "a" y "b" están correctas.

☐ Solo las afirmaciones "b" y "c" están correctas.

☐ Solo la afirmación "c" está correcta.

☐ Todas las afirmaciones están equivocadas.

☐ Todas las afirmaciones están correctas.

12 Completa las frases con los pronombres del recuadro. Atención a su colocación.

le   les   me   nos   os   te

a ¿_____ puedes enseñar_____ las fotos de tu último viaje? Hace tiempo que tenemos ganas de verlas.

b Mi hermana y yo _____ dimos_____ a nuestros padres un viaje a Perú de regalo.

c Cuando viaje, _____ voy a enviar_____ una postal de ese lugar que te gusta tanto.

d Como sabéis, _____ quiero mostrar_____ los lindos recuerdos que traje de Uruguay.

e Quiero ir a una ciudad histórica. ¿Cuál _____ recomiendas_____?

f ¿_____ llevo_____ la maleta, señora?

13 Ordena las letras y descubre la palabra que corresponde a cada ítem.

ADNBA   AÓNCICN   ORNCIOETC   TANAETNC

a Espectáculo en vivo en el que se interpretan músicas: _____.

b Persona que se dedica profesionalmente a cantar: _____.

c Composición generalmente en verso acompañada de música: _____.

d Grupo de músicos que tocan juntos: _____.

14 Escucha la grabación y apunta los datos.

a Instrumentos y aparatos: _____

b Estilos musicales: _____

15 Indica el ritmo que, según tu opinión, es el más adecuado para cada tipo de evento.

a Una fiesta en una disco: _____.

b Una boda: _____.

c Una fiesta típica: _____.

d Un evento escolar: _____.

e Una fiesta latina: _____.

16 Busca los verbos conjugados en los tiempos pretéritos y clasifícalos.

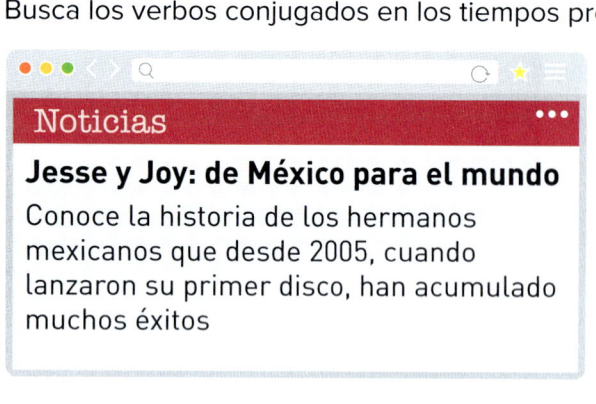

Noticias •••

Jesse y Joy: de México para el mundo

Conoce la historia de los hermanos mexicanos que desde 2005, cuando lanzaron su primer disco, han acumulado muchos éxitos

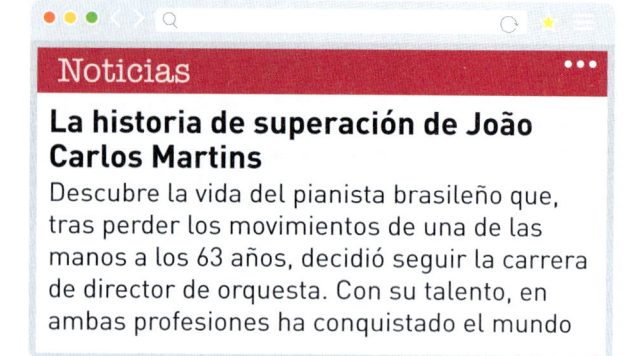

Noticias •••

La historia de superación de João Carlos Martins

Descubre la vida del pianista brasileño que, tras perder los movimientos de una de las manos a los 63 años, decidió seguir la carrera de director de orquesta. Con su talento, en ambas profesiones ha conquistado el mundo

Pretérito Indefinido de Indicativo	Pretérito Perfecto de Indicativo

17 Explica por qué en cada caso de la actividad anterior se usó uno u otro tiempo del pasado.

18 Marca C (correcto) o I (incorrecto), con relación al uso del Pretérito Indefinido o Perfecto de Indicativo en cada frase.

a ☐ El verano pasado he ido a un recital de ópera.

b ☐ Aún no he escuchado el nuevo disco de Martina.

c ☐ Anteayer mi familia y yo nos hemos suscripto a un *streaming* de música.

d ☐ Carla nunca ha estado en una fiesta de música electrónica.

e ☐ Hace dos años estuve en el Festival de Música Regional de mi ciudad.

19 Corrige las frases equivocadas de la actividad anterior.

20 Pasa las frases al Pretérito Indefinido de Indicativo o al Perfecto de Indicativo de acuerdo con los marcadores temporales indicados.

a Yo escucho samba.

Yo siempre _____

b Hoy vamos a ver el *live* de Luis Fonsi.

Anoche _____

c Ana empieza sus clases de piano.

La semana pasada _____

d Mis padres no conocen el reguetón.

Mis padres aún _____

21 Responde a las siguientes preguntas.

a ¿Ya has ido a algún concierto? ¿A cuál? ¿Cuándo? ¿Cómo fue?

_____

b ¿Has descubierto a un nuevo cantante o grupo musical recientemente? En caso afirmativo, ¿a cuál?

_____

c ¿Cuál fue el ritmo que más escuchaste el mes pasado?

_____

22 🔊 016 ¿Cómo uno puede prepararse para ir al Festival de Viña del Mar? Escucha la grabación y escribe las respuestas con la perífrasis "hay que" + infinitivo.

a Las entradas: _____

b El hotel: _____

c Traslado al local del evento: _____

d Ropa y zapatos: _____

23 Relaciona las frases y complétalas conjugando los verbos "haber", "tener" o "deber".

a Si quiero aprender a tocar un instrumento,

b Queremos ir al concierto; por eso

c Para escuchar música por *streaming*,

d Para ser un buen bailarín,

e Si deseáis conseguir un buen lugar en el espectáculo,

☐ _____ que ahorrar dinero.

☐ _____ llegar con antelación.

☐ _____ que descargar una aplicación.

☐ _____ que empezar a tener clases.

☐ _____ que entrenar bastante.

24 Considerando los géneros textuales estudiados en las unidades 1 a 3, señala el que corresponda a cada característica.

		Cuento	Relato de viaje	Lista de reproducción
a	"Las canciones clásicas de los años 2000" sería el título de un(a):			
b	Es un género literario.			
c	Incluye imágenes y las impresiones del autor sobre paseos y atracciones.			
d	"Personajes", "tiempo", "espacio", "enredo" y "narrador" no pueden faltar en un(a):			
e	Las palabras "reproducir", "compartir" y "descargar" se relacionan con un(a):			
f	Se utiliza para narrar eventos y describir lugares visitados.			

NUESTRO RITMO, NUESTRA HISTORIA

▷ **Organización:** la clase dividida en tres grupos

▷ **Temas Contemporáneos Transversales:** *Diversidade Cultural; Educação para Valorização do Multiculturalismo nas Matrizes Históricas e Culturais Brasileiras*

▷ **Metodología activa:** *storytelling*

La música forma parte de la historia de la humanidad. Suele contar mucho sobre quien la produce: sus orígenes, sus costumbres y su forma de ver y vivir la vida. Los ritmos tradicionales de cada país o región presentan las huellas del pasado y las experiencias del presente de la sociedad en la que están insertados. Es un tipo de manifestación artística con capacidad de expresar y fortalecer la identidad de un pueblo.

En Brasil no es diferente. Conformados a partir de la diversidad, los ritmos brasileños han surgido en diferentes contextos y han sido influenciados por variadas culturas. Para que conozcan un poco más sobre tres ritmos populares brasileños, les proponemos primero una investigación sobre la historia de cada uno de ellos y después la creación de un cortometraje.

Primera etapa

Realicen una encuesta en la escuela a fin de saber cuáles son los ritmos brasileños más populares entre los alumnos. Para ello, pregúntenles:

- ► ¿Cuál es tu ritmo musical brasileño favorito?
- ► ¿Quién te ha influenciado a escuchar este ritmo?
- ► ¿Conoces la historia de este ritmo (origen, influencias, etc.)?
- ► ¿Sobre qué otros ritmos brasileños te gustaría saber más?

A fin de facilitar el trabajo, divídanse en grupos. Cada uno se encargará de entrevistar a una cantidad de alumnos.

Segunda etapa

Organicen los datos recogidos en la etapa anterior por medio de gráficos, carteles, diapositivas, etc. y presénteselos a sus compañeros de clase.

Tras las presentaciones, reflexionen sobre las siguientes preguntas:

- ► ¿Por qué creen que determinados ritmos brasileños fueron los más mencionados?
- ► ¿Creen que, si hubiesen hecho la encuesta con otros grupos, como personas mayores, los resultados habrían sido diferentes? ¿Por qué?
- ► ¿De qué manera estos ritmos se relacionan con la identidad de los brasileños?

Tercera etapa

Ahora divídanse en tres grupos y escojan entre los tres ritmos preferidos de la mayoría de los alumnos de la escuela o el ritmo mencionado en la encuesta sobre el que tengan más curiosidad.

Elegido el ritmo de cada grupo, hagan una investigación, que deberá contemplar, como mínimo, los siguientes aspectos:

- ► origen y evolución del ritmo;
- ► características y manifestaciones;
- ► influencias;
- ► instrumentos utilizados;
- ► temas de las canciones.

Para ello, busquen informaciones en fuentes confiables. Consulten páginas web, libros, videos, pódcast, periódicos, enciclopedias, etc.

Cuarta etapa

Para compartir con los demás grupos lo que han aprendido en la investigación, van a producir un cortometraje. Para ello, deben planear los siguientes elementos:

▸ Personajes (protagonistas y secundarios): deberán contar la historia del ritmo musical por medio de su trayectoria.

▸ Lugar: el cortometraje tiene que estar ambientado en una región relacionada con la historia del ritmo.

▸ Conflicto: algo que provoca transformaciones en la vida de los personajes (un obstáculo o desafío que se presenta).

▸ Mensaje: lo que se espera que el público entienda al final de la historia.

El cortometraje de cada grupo no debe rebasar los diez minutos de duración.

A fin de construir una historia coherente y retratar la realidad de manera fiel en el cortometraje, con la orientación de los profesores de Geografía, Historia y/o Arte, busquen informaciones sobre cómo:

▸ era el lugar donde surgió el ritmo musical: clima, paisaje, demografía, etc.;

▸ era la sociedad de la época: situación política y económica, costumbres regionales, pueblos originarios, etc.;

▸ se vestían las personas de ese lugar en esa época;

▸ las personas tenían acceso a la música.

Además de ayudarlos a pensar y montar la historia del cortometraje, estas informaciones son importantes para la producción del video, es decir, para preparar el escenario, el figurín y las características de los personajes.

Quinta etapa

Repartan las tareas entre los integrantes del grupo:

▸ creación del guion (escribir el guion del cortometraje);

▸ actuación (memorizar su papel y caracterizarse);

▸ confección del figurín y del escenario (conseguir la ropa y los materiales adecuados para la representación de la historia);

▸ grabación (obtener los aparatos necesarios y grabar las escenas).

Tras la preparación de todos los elementos, graben el cortometraje.

Sexta etapa

Editen el material grabado. Hay que poner las escenas en orden y agregar los efectos necesarios, como la banda sonora. No se olviden de, al principio, presentar el título del cortometraje y, al final, disponer las informaciones sobre las personas que han participado en la producción.

Séptima etapa 🌐

Tras la finalización del video, publíquenlo en una página web y compártanlo en la Plataforma Ventana (<www.ventanaaelespanol.com.br>) con la etiqueta "cortometraje".

Octava etapa

A fin de divulgar los videos, organicen un evento en la escuela. Además de presentar sus producciones, pueden ampliarlo con otras manifestaciones artísticas relacionadas con la música. Con el profesor de Educación Física, es posible ensayar y presentar una coreografía basada en el ritmo musical investigado. Con el profesor de Arte, se puede montar una exposición con los instrumentos y demás objetos asociados al ritmo musical o preparar un concurso de canto.

5 EL ARTE DE PLASMAR

VTR
Imágenes animadas
http://mod.lk/3va3_u5i

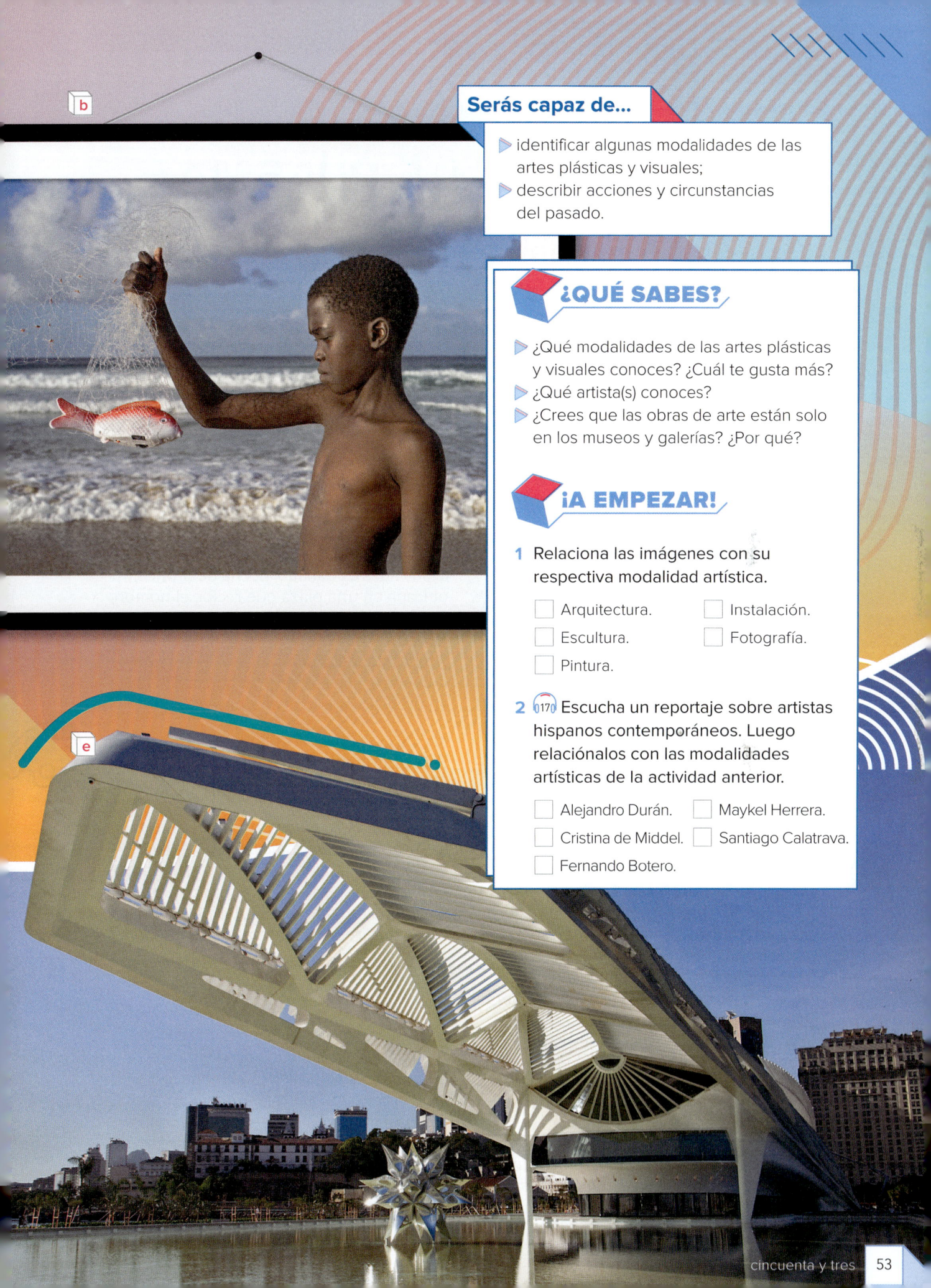

Serás capaz de...

▷ identificar algunas modalidades de las artes plásticas y visuales;
▷ describir acciones y circunstancias del pasado.

¿QUÉ SABES?

▷ ¿Qué modalidades de las artes plásticas y visuales conoces? ¿Cuál te gusta más?
▷ ¿Qué artista(s) conoces?
▷ ¿Crees que las obras de arte están solo en los museos y galerías? ¿Por qué?

¡A EMPEZAR!

1 Relaciona las imágenes con su respectiva modalidad artística.

☐ Arquitectura.   ☐ Instalación.

☐ Escultura.   ☐ Fotografía.

☐ Pintura.

2 🔊 Escucha un reportaje sobre artistas hispanos contemporáneos. Luego relaciónalos con las modalidades artísticas de la actividad anterior.

☐ Alejandro Durán.   ☐ Maykel Herrera.

☐ Cristina de Middel.   ☐ Santiago Calatrava.

☐ Fernando Botero.

SEIS ARTISTAS HISPANOS CONTEMPORÁNEOS QUE DEBES CONOCER

Hay una gran generación de artistas hispanos contemporáneos de distintas modalidades que dan forma a la cultura occidental y agitan el mundo de las artes plásticas y visuales. Te presentamos a algunos de ellos.

ALEJANDRO DURÁN

Este artista mexicano hace obras de arte con basura y objetos poco convencionales, expresando su preocupación por el medioambiente. Su trabajo más conocido es el proyecto *Washed Up* (en español, *Limpiado*), en el cual reunió más de 765 kilos de plástico provenientes de más de 50 países y que fueron a parar en una reserva natural en México. Una de las obras más impresionantes de ese proyecto es *Vena*, una instalación hecha con basura roja que se desparrama por el piso de la galería.

CRISTINA DE MIDDEL

La fotógrafa española, junto al fotógrafo brasileño Bruno Morais, ha desarrollado el proyecto *Excessocenus*, que consiste en una serie de imágenes que tratan sobre el consumismo y revelan cómo nuestros comportamientos nos convierten en la especie más dañina para el medioambiente. Una de sus fotos más representativas es *Oceans contamination* (en español, *Contaminación de los océanos)*, en la que un niño sujeta una red con un pez de plástico.

FERNANDO BOTERO

El escultor y pintor colombiano es conocido por su estilo único y distintivo llamado "boterismo", con figuras más robustas y gruesas de lo habitual, o sea, más gorditas. Una de sus esculturas más destacadas es *Caballo*, hecha de bronce y ubicada en una plaza que recibe el nombre del artista, en Medellín. Además de esa escultura, hay otras 22 en la misma plaza —todas donadas por el propio Botero en homenaje a su ciudad—, lo que la convierte en un bello museo al aire libre.

MAYKEL HERRERA

Este pintor cubano, popularmente denominado el Pintor de los Niños por constituir estos una temática recurrente en sus obras, cuenta con más de treinta exposiciones personales. Pinta temas como la desigualdad, la guerra y la ironía desde la perspectiva de la niñez, pero para sensibilizar a los adultos. Una de sus obras más representativas es *La opinión que te acaricia*, en la cual una niña entrevista a un conejo de peluche.

SANTIAGO CALATRAVA

El arquitecto e ingeniero español concibe cada proyecto como una obra viva. Da gran importancia al efecto dinámico de las construcciones explotando materiales como el hormigón y el acero. Una de sus obras más célebres es el *Museo del Mañana* (*Museu do Amanhã*, en portugués), en Río de Janeiro, un edificio de arquitectura sostenible que parece flotar sobre las aguas.

4 Con base en el texto, relaciona las obras de la apertura con sus respectivos títulos y artistas.

☐ BOTERO, Fernando. (2002). *Caballo* (bronce). 335,28 cm. Plaza Botero, Medellín.

☐ MIDDEL, Cristina de; MORAIS, Bruno. (2017). *Oceans contamination (Contaminación de los océanos)* (foto digital). Mozambique.

☐ HERRERA, Maykel. (2008). *La opinión que te acaricia* (ilustración digital). 80 x 100 cm. Colección particular, Cuba.

☐ CALATRAVA, Santiago. (2016). *Museu do Amanhã (Museo del Mañana)* (concreto y metal). Río de Janeiro.

☐ DURÁN, Alejandro. (2017). *Vena*. Granary Art Center, Utah.

5 ¿Cuál(es) de esas obras trata(n) de un tema ambiental?

_____

6 Marca V (verdadero) o F (falso) según el texto.

a ☐ Santiago Calatrava y Cristina de Middel son artistas españoles.

b ☐ Muchas de las pinturas de Maykel Herrera tienen niños como protagonistas.

c ☐ Veintitrés esculturas de Botero están en una plaza con el nombre del artista en Medellín.

d ☐ En el proyecto *Washed Up*, Alejandro Durán utilizó materiales convencionales para hacer sus obras de arte.

7 Corrige la(s) frase(s) falsa(s).

_____

_____

8 Relaciona las siguientes modalidades artísticas con su definición.

a Arquitectura.

b Escultura.

c Fotografía.

d Instalación.

e Pintura.

☐ Arte de fijar y reproducir imágenes mediante una cámara.

☐ Arte de modelar o esculpir figuras en cualquier material.

☐ Arte de diseñar, proyectar y construir edificios.

☐ Arte de representación que utiliza pigmentos como acuarelas, acrílicos, pasteles y óleos.

☐ Arte contemporáneo en el cual el artista utiliza el propio medio (paredes, piso, luces, etc.) como parte de su composición.

9 Santiago Calatrava tiene obras en diferentes partes del mundo, como la *Ciudad de las Artes y las Ciencias* y el *Puente de la Mujer*, que se convirtieron en lugares turísticos retratados en muchas postales y fotografías. Investiga en internet en qué ciudades y países hispanos están ubicadas esas dos obras y cómo son.

_____

_____

_____

_____

CAJÓN DE LETRAS

Las artes plásticas y visuales

la arquitectura	la escultura	la galería de arte	la instalación
el arte digital	la exposición	el grabado	el museo
el dibujo	la fotografía	el grafiti	la pintura

La pintura

el caballete
el cuadro
el lienzo
la paleta
los pinceles
el taller

La escultura

el cincel
el martillo
la piedra

Otros materiales

el aerosol   la arcilla   la cámara fotográfica   el carboncillo   la cerámica
el lápiz (de cera/color/grafito)   la madera   el metal   la tinta   el yeso

1 ⏺ 0180 Escucha la grabación y completa las frases.

a La programación es del _____ de Bayamón, en Puerto Rico.

b La _____ *Vértices de la memoria* presenta veinte _____ del artista puertorriqueño Rafael Rivera Rosa.

c Jaime Suárez es _____. Se destaca por su trabajo con _____.

2 Apunta las modalidades artísticas que aparecen en la galería de imágenes.

_____

Galería de imágenes
http://mod.lk/3va3_u5g

1 Observa la siguiente intervención artística.

COMO NO SABIA QUE ERA IMPOSIBLE... LO HIZO

⟫⟫Pretérito Imperfecto de Indicativo

Verbos regulares

Pronombres	Pintar	Saber	Escribir
Yo	pint**aba**	sab**ía**	escrib**ía**
Tú/Vos	pint**abas**	sab**ías**	escrib**ías**
Él/Ella/Usted	pint**aba**	sab**ía**	escrib**ía**
Nosotros(as)	pint**ábamos**	sab**íamos**	escrib**íamos**
Vosotros(as)	pint**abais**	sab**íais**	escrib**íais**
Ellos(as)/Ustedes	pint**aban**	sab**ían**	escrib**ían**

En portugués los verbos terminados en "-ar" llevan "v", mientras que en español se escriben con "b". Ejemplo: pinta**b**a (español); pinta**v**a (portugués). Los verbos terminados en "-er" e "-ir" tienen la misma terminación y, a diferencia del portugués, llevan tilde. Ejemplos: sab**ía**, escrib**ía** (español); sab**ia**, escre**via** (portugués).

En Pretérito Imperfecto de Indicativo, hay solo tres verbos irregulares.

Verbos irregulares

Pronombres	Ver	Ser	Ir
Yo	v**e**ía	**era**	i**b**a
Tú/Vos	v**e**ías	**eras**	i**b**as
Él/Ella/Usted	v**e**ía	**era**	i**b**a
Nosotros(as)	v**e**íamos	**éramos**	í**b**amos
Vosotros(as)	v**e**íais	**erais**	i**b**ais
Ellos(as)/Ustedes	v**e**ían	**eran**	i**b**an

El Pretérito Imperfecto de Indicativo describe acciones repetidas o habituales en el pasado.
Ejemplo: Además de pintor, Picasso fue también un escultor notable. **Esculpía** en arcilla, madera, yeso y cerámica.

También describe circunstancias, lugares, cosas y personas del pasado.
Ejemplo: Pintores como Da Vinci y Rubens **tenían** grandes talleres y empleados que los **ayudaban** a terminar sus obras.

Se usa, además, para establecer contrastes entre el pasado y el presente.
Ejemplo: Antes la pintura **era** la principal forma de plasmar personas y lugares para recordarlos. Hoy la fotografía cumple esa función.

2 Conjuga los verbos entre corchetes en Pretérito Imperfecto de Indicativo y descubre algunas curiosidades sobre la historia del arte.

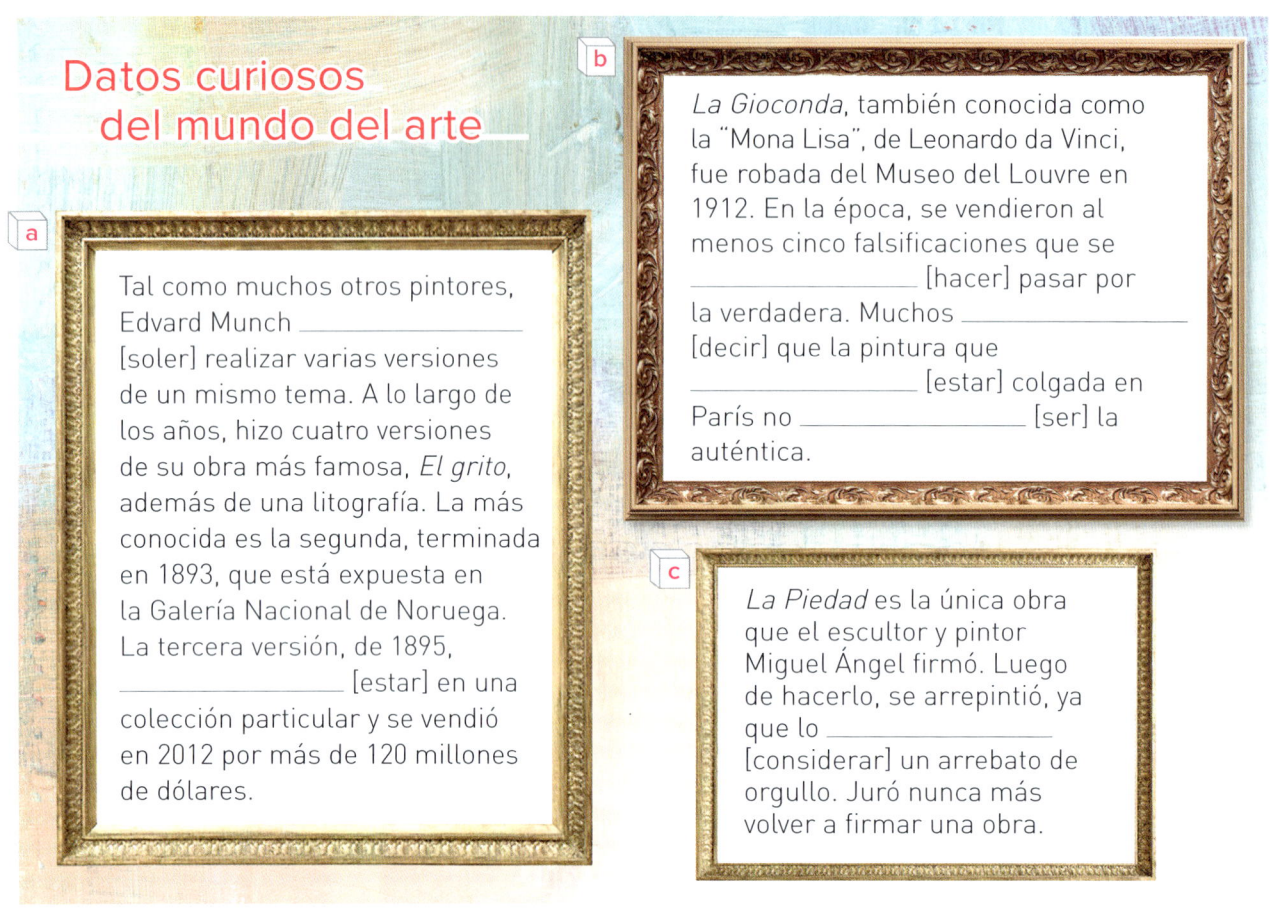

Datos curiosos del mundo del arte

a

Tal como muchos otros pintores, Edvard Munch _____ [soler] realizar varias versiones de un mismo tema. A lo largo de los años, hizo cuatro versiones de su obra más famosa, *El grito*, además de una litografía. La más conocida es la segunda, terminada en 1893, que está expuesta en la Galería Nacional de Noruega. La tercera versión, de 1895, _____ [estar] en una colección particular y se vendió en 2012 por más de 120 millones de dólares.

b

La Gioconda, también conocida como la "Mona Lisa", de Leonardo da Vinci, fue robada del Museo del Louvre en 1912. En la época, se vendieron al menos cinco falsificaciones que se _____ [hacer] pasar por la verdadera. Muchos _____ [decir] que la pintura que _____ [estar] colgada en París no _____ [ser] la auténtica.

c

La Piedad es la única obra que el escultor y pintor Miguel Ángel firmó. Luego de hacerlo, se arrepintió, ya que lo _____ [considerar] un arrebato de orgullo. Juró nunca más volver a firmar una obra.

Basado en: <https://artefeed.com/datos-curiosos-arte/>. Acceso el: 1 dic. 2020.

3 Relaciona las siguientes obras de arte con los fragmentos del texto en la actividad anterior.

> ▷ **Describir acciones y circunstancias del pasado**
> Fui a un museo/una galería que se llamaba...
> Estaba en la ciudad de...
> Era... / Tenía... / Había...

> ▷ **Identificar algunas modalidades de las artes plásticas y visuales**
> Era una pintura/escultura/instalación.
> Era... / Estaba... / Representaba...
> Parecía... / Había...

1 🎧019 **Escucha el relato de una visita a un museo y contesta las preguntas.**

a Se narra una visita al:

☐ Museo del Prado. ☐ Museo Reina Sofía. ☐ Museo Nacional Thyssen-Bornemisza.

b ¿En qué ciudad está el museo? _____

c La entrada al museo fue:

☐ rápida, porque había muy poca gente.
☐ difícil, porque había mucha gente y una cola inmensa.
☐ cómoda, porque, a pesar de que había mucha gente, pudo evitar las colas.

d ¿Hizo una visita guiada o fue por cuenta propia? _____

e ¿Cómo era el museo?

☐ Era pequeño. ☐ Era muy grande. ☐ Estaba en mal estado.

f ¿Qué pintores se mencionan?

☐ Picasso. ☐ El Greco. ☐ Portinari.

☐ Goya. ☐ Van Gogh. ☐ Rubens.

g ¿Cómo fue la experiencia? ¿La recomienda? _____

2 🎧020 **Ahora, escucha la descripción de un cuadro de ese museo y señala a qué imagen corresponde.**

a

VELÁZQUEZ, Diego. (hacia 1630). *Doña María de Austria, reina de Hungría* (óleo sobre lienzo). 59,5 x 44,5 cm. Museo del Prado, Madrid.

b

VELÁZQUEZ, Diego. (1656). *Las meninas* (óleo sobre lienzo). 320,5 x 281,5 cm. Museo del Prado, Madrid.

c

VELÁZQUEZ, Diego. (1655-1660). *Las hilanderas o la fábula de Aracne* (óleo sobre lienzo). 220 x 289 cm. Museo del Prado, Madrid.

3 **En parejas, realicen las siguientes actividades.**

a ¿Has estado alguna vez en un museo o galería? Cuenta a tu compañero cómo fue la experiencia.

b Piensa en una obra de arte que hayas visto y te haya llamado la atención. ¿Cómo era? Descríbesela a tu compañero.

¡ACÉRCATE!

1 Observa la imagen y lee lo que se dice.

A partir del arte digital el espectador **deja de ser** un mero observador y **empieza a formar** parte de la experiencia artística.

》》Perífrasis verbales que expresan el inicio y el final de una acción

	Inicio de la acción	Final de la acción
Perífrasis	empezar **a** + infinitivo	dejar **de** + infinitivo
Ejemplos	El arte digital **empezó a incorporar** la tecnología desde los comienzos de internet.	En el arte digital, la imagen **dejó de ser** estática para ponerse en movimiento.

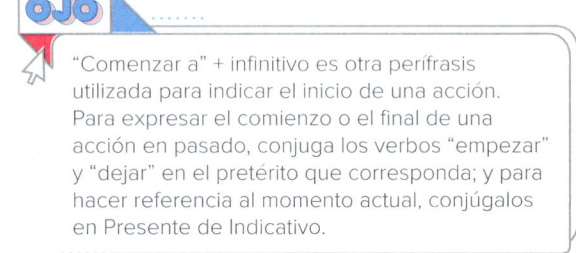

"Comenzar a" + infinitivo es otra perífrasis utilizada para indicar el inicio de una acción. Para expresar el comienzo o el final de una acción en pasado, conjuga los verbos "empezar" y "dejar" en el pretérito que corresponda; y para hacer referencia al momento actual, conjúgalos en Presente de Indicativo.

2 Completa la tabla y repasa la conjugación de los verbos "empezar" y "dejar" en distintos tiempos verbales.

Pronombres	Empezar		Dejar	
	Presente de Indicativo	Pretérito Indefinido de Indicativo	Pretérito Perfecto de Indicativo	Pretérito Imperfecto de Indicativo
Yo		empecé	he dejado	dejaba
Tú/Vos	empiezas/empezás		has dejado	
Él/Ella/Usted		empezó		dejaba
Nosotros(as)	empezamos	empezamos		
Vosotros(as)	empezáis		habéis dejado	dejabais
Ellos(as)/Ustedes		empezaron	han dejado	

3 Completa los siguientes datos de la biografía de Pablo Picasso con las perífrasis del recuadro.

> dejó de pintar   dejó de retratar   empezó a interesarse
> empezó a pintar   empezó a trabajar   empezó a usar

La vida de Pablo Picasso

Picasso nació en Málaga, España, el 25 de octubre de 1881. Su inmensa obra se extendió a lo largo de más de setenta y cinco años de actividad creativa.

En 1901, afectado por una gran pérdida, Picasso _____ sujetos tristes con colores fríos. Ese período se conoce como "etapa azul", nombre que proviene del color que predominaba en las pinturas del artista. Sus obras expresaban desesperación, soledad y tragedia.

A partir de 1904, _____ esos temas, abandonó la monocromía azul y _____ tonalidades claras y delicadas, como tonos más rosados y cálidos, que constituyeron lo que se llamaría "etapa rosa".

A finales de 1906, Picasso _____ en una obra que iba a cambiar el curso del arte del siglo XX: *Las señoritas de Avignon*, cuadro que se considera el símbolo del cubismo.

En 1928, después de encontrarse con el escultor Julio González, _____ por la escultura. De ese intercambio entre los dos artistas surgió una serie de obras que revolucionarían la escultura del siglo XX.

En distintos años a lo largo de su vida, Picasso _____, pero jamás abandonó el dibujo, en el cual expresaba toda su genialidad. Siguió creando y trabajando intensamente hasta morir en 1973.

4 Con base en el texto, relaciona las siguientes obras con las etapas de la vida de Picasso.

a Etapa azul.   **b** Etapa rosa.   **c** Interés por la escultura.

PICASSO, Pablo. (1923). *Saltimbanqui sentado con brazos cruzados* (óleo sobre lienzo). 130,5 x 97 cm. Bridgestone Museum of Art, Tokio.

PICASSO, Pablo. (1967). *Chicago Picasso* (acero). 15,2 m. Daley Plaza, Chicago.

PICASSO, Pablo. (1903). *El viejo guitarrista* (óleo sobre lienzo). 121 x 92 cm. The Art Institute of Chicago.

CONTEXTOS

▲ **Género textual: recorrido virtual**

El recorrido virtual, también llamado visita o *tour* virtual, es una forma de conocer un sitio, como un museo o galería de arte, sin salir de casa, por internet, a través de una serie de imágenes panorámicas en 360°.

⟫ Prelectura

1 Conversa con tus compañeros y responde oralmente a las preguntas.

a ¿Has realizado alguna vez un recorrido virtual? En caso afirmativo, ¿qué sitio visitaste y cómo fue la experiencia? En caso negativo, ¿qué lugar te gustaría recorrer virtualmente? ¿Por qué?

b ¿Qué museo o galería de arte te gustaría conocer? ¿Dónde se encuentra? ¿Sabes si dispone de un servicio de visita virtual?

⟫ Lectura

2 🔊 021 Vas a realizar un recorrido virtual por el Museo Nacional Thyssen-Bornemisza, de Madrid, España, a través del enlace <www.museothyssen.org/thyssenmultimedia/visitas-virtuales/coleccion-permanente> (acceso el: 22 en. 2021). Como son muchas salas, vas a visitar solo algunas que se mencionan en el reportaje a continuación. Luego completa la información con las palabras del recuadro.

> cubismo   expresionismo   impresionismo y postimpresionismo   naturalezas muertas
> pioneros de la abstracción   retrato en el Renacimiento

 ## ¿Qué ver en el recorrido virtual?

La colección permanente del museo está ordenada en 48 salas, divididas en tres plantas, además de las salas destinadas a exposiciones temporales. De esa manera, el Thyssen-Bornemisza nos permite visitar nada más y nada menos que siete siglos de historia y arte, ¡una fascinante experiencia!

Las obras más antiguas están en la segunda planta (salas de 1 a 21), con grandes obras maestras de artistas como el Greco, Van Eyck y Caravaggio. La sala 5, por ejemplo, focaliza el _____, representando personalidades del siglo XV.

La primera planta presenta temas y estéticas muy variadas. En la sala 27, hay _____ del siglo XVII, que representan flores, alimentos y objetos de cocina. En las salas 32 y 33, hay pinturas europeas del siglo XIX, más específicamente del _____, de populares artistas como Camille Pissarro, Cézanne, Toulouse-Lautrec, Degas y Gaugin. Las salas 34 y 35 se dedican al _____, con pinturas europeas de la primera mitad del siglo XIX, entre las que se destacan las del pintor Edvard Munch.

En la planta baja (planta 0), están las pinturas de vanguardia, como las que pertenecen al _____ y su estela. En las salas 41 y 42, se presentan obras de Picasso y George Braque. En la sala 43, están los _____, entre los que se encuentra Kandinsky.

))Poslectura

3 Contesta oralmente: ¿cuántas salas y plantas ocupa la colección permanente? ¿En qué planta están las obras más antiguas? ¿Y las obras más recientes?

4 Relaciona los términos con su definición y luego con sus obras representativas. Si tienes dudas, vuelve al texto y visita las salas donde las encuentras en el museo. A continuación, apunta el título de cada una.

a Retrato.

b Naturaleza muerta.

c Impresionismo.

☐ Tipo de obra en la que se representan objetos inanimados, como flores, frutas y vasijas.

☐ Tipo de obra en la que se representa a una persona.

☐ Movimiento artístico que se caracteriza por pinturas realizadas con pinceladas gruesas y cortas en las que se suelen retratar escenas al aire libre, captando la impresión que la luz produce.

PISSARRO, Camille. (1871).

_____ (óleo sobre lienzo). 45 x 55 cm. Museo Nacional Thyssen-Bornemisza, Madrid.

FLANDES, Juan de. (hacia 1496).

_____ (óleo sobre madera). 31,5 x 21,7 cm. Museo Nacional Thyssen-Bornemisza, Madrid.

LINARD, Jacques. (1640).

_____ (óleo sobre lienzo). 53 x 66 cm. Museo Nacional Thyssen-Bornemisza, Madrid.

POR EL MUNDO 🎧 022

El Museo Thyssen-Bornemisza contenía la colección privada de arte más importante de Europa hasta 1992, año en el que esta fue adquirida por el Gobierno de España. El museo alberga casi mil obras de arte, reunidas a lo largo de siete décadas por la familia que da nombre al museo, y cuenta la historia de la pintura occidental desde el siglo XIII hasta el XX. Para saber más sobre los museos del "Triángulo del Arte", escucha la grabación.

¡AHORA TÚ!

))Plan del texto 🌐

◻ Elige un museo o galería de arte de cualquier parte del mundo que te gustaría conocer y que disponga de un servicio de recorrido virtual.

◻ Recorre ese lugar y apunta en tu cuaderno todo lo que te llame la atención: cómo es ese espacio, qué tipo de obras están expuestas, de qué artistas son, las salas y obras más interesantes, tu opinión sobre la visita, etc.

))Producción y divulgación 🌐

◻ A partir de tus apuntes, redacta un breve reportaje sobre el recorrido virtual a ese lugar.

◻ Lee la primera versión del texto y haz las correcciones necesarias.

◻ Piensa en un título que sea atractivo y que se relacione con la información del reportaje.

◻ Agrégale al texto una imagen que sea pertinente y no te olvides de colocar los créditos.

◻ Publica el reportaje en alguna página web y compártelo en la Plataforma Ventana (<www.ventanaalespanol.com.br>) con la etiqueta "reportaje".

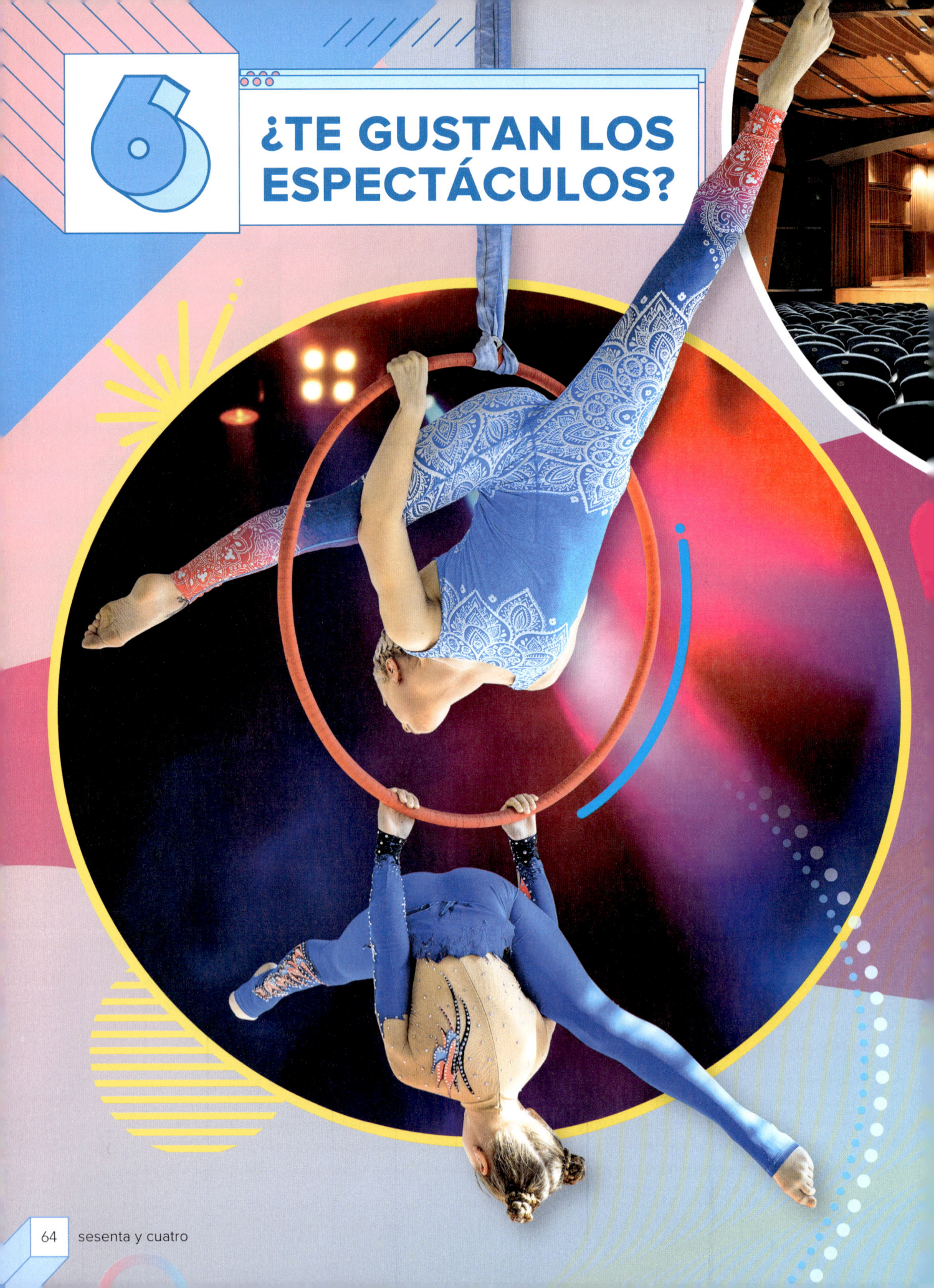

¿TE GUSTAN LOS ESPECTÁCULOS?

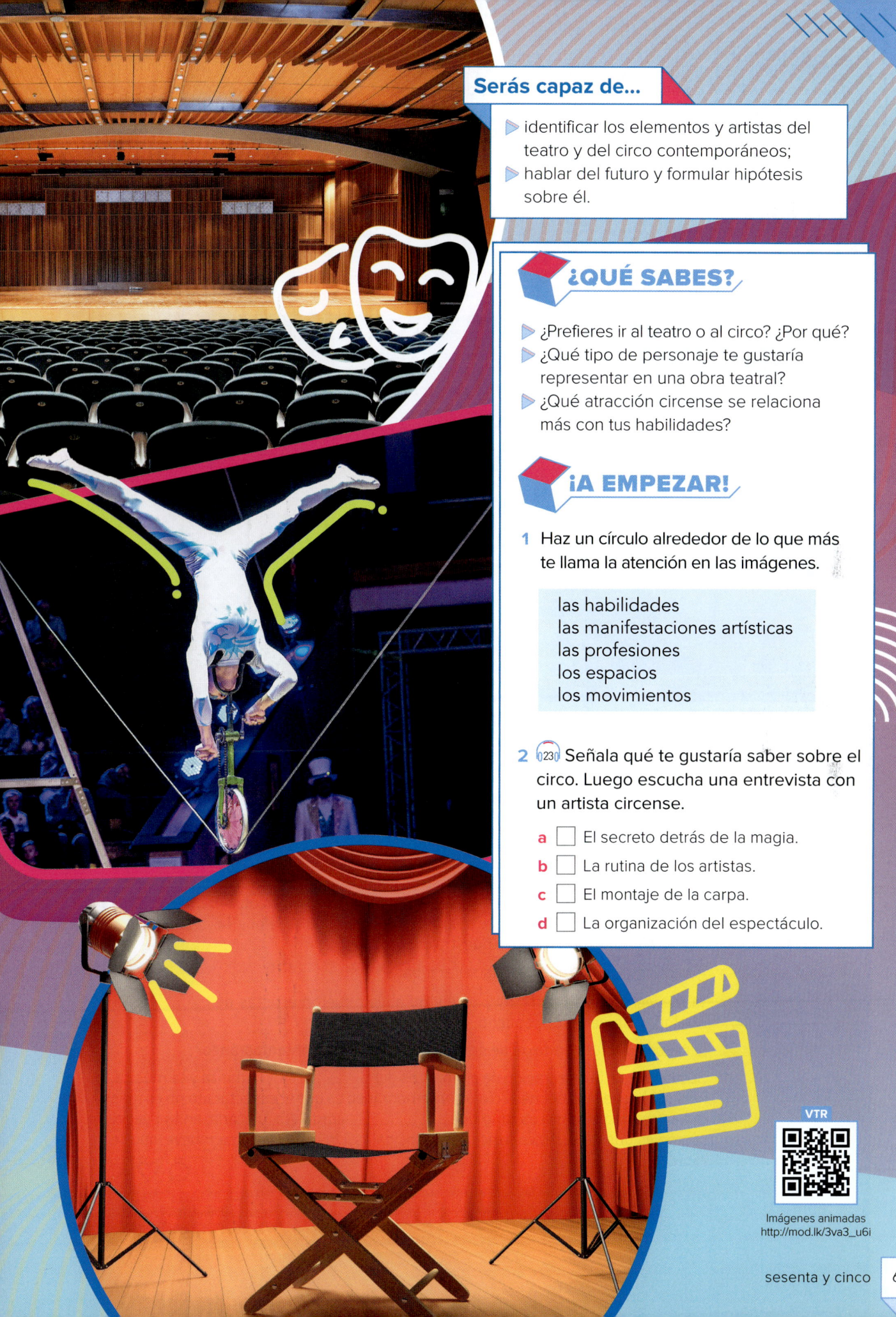

Serás capaz de...

▷ identificar los elementos y artistas del teatro y del circo contemporáneos;
▷ hablar del futuro y formular hipótesis sobre él.

¿QUÉ SABES?

▷ ¿Prefieres ir al teatro o al circo? ¿Por qué?
▷ ¿Qué tipo de personaje te gustaría representar en una obra teatral?
▷ ¿Qué atracción circense se relaciona más con tus habilidades?

¡A EMPEZAR!

1 Haz un círculo alrededor de lo que más te llama la atención en las imágenes.

> las habilidades
> las manifestaciones artísticas
> las profesiones
> los espacios
> los movimientos

2 🎧 Señala qué te gustaría saber sobre el circo. Luego escucha una entrevista con un artista circense.

a ☐ El secreto detrás de la magia.

b ☐ La rutina de los artistas.

c ☐ El montaje de la carpa.

d ☐ La organización del espectáculo.

VTR

Imágenes animadas
http://mod.lk/3va3_u6i

3  Lee el texto y complétalo con las palabras del recuadro.

> altura   circo   obra   pista   público   teatro   velocidad

entrevistas

Cerrar sesión

Conversa con Feline, acróbata del Circo Mágico

Entrevistador: ¿En qué espectáculo del circo actúas y en qué consiste?

Feline: Actúo en el número de la rueda de la muerte, una gran estructura metálica semejante a las jaulas de los hámsteres, pero de grandes dimensiones.

Entrevistador: ¿No tienes miedo de la _____ y la _____?

Feline: Este sentimiento siempre está presente, pero pienso que debemos ser muy profesionales, tener control sobre nuestros nervios, no solo para evitar un accidente, sino también para presentar al _____ un buen espectáculo. Además, es muy importante que respetemos el aparato y que, cuando pisemos la _____, controlemos nuestra mente y nuestro cuerpo.

Entrevistador: ¿Cómo descubriste que querías ser acróbata?

Feline: Ya me viene en la sangre. Mi padre y mi abuelo fueron artistas de _____. Es algo que amé desde pequeño.

Entrevistador: El circo ha evolucionado. ¿Qué novedades trae el circo contemporáneo?

Feline: Seguramente, la integración de elementos del _____, la danza y la música. Para mí, lo que más define al circo contemporáneo es que el espectáculo no es más una sucesión de números, sino una _____ completa, unitaria, en la cual el cuerpo es una de sus composiciones principales. Un cuerpo que se mueve, que se expresa.

Basado en: <www.youtube.com/watch?v=YA_mftPi5zk> y <www.youtube.com/watch?v=zeqtCN8PU6A>.
Acceso a ambos el: 26 nov. 2020.

4 Apunta los elementos siguientes sobre el texto que has leído.

a Número de circo que realiza el entrevistado:

_____.

b Su profesión:

_____.

c Principales características del circo contemporáneo:

_____

_____.

5 Contesta las siguientes preguntas sobre el texto.

a ¿Cómo el artista administra el miedo que siente en su trabajo?

_____

b ¿Por qué eligió esa profesión?

_____

6 Escribe las dos informaciones de la entrevista que te parecieron más interesantes.

_____

_____

7 ¿A qué artista de circo te gustaría entrevistar y qué preguntas le harías?

_____

_____

8 Conversa con un compañero y apunta sus respuestas.

a ¿Qué artista de circo te gustaría ser? ¿Por qué?

_____

b Algunos artistas suelen darse nombres artísticos. ¿Cuál sería tu nombre artístico y por qué lo elegirías?

_____

9 En grupos, investiguen cuáles son las principales atracciones del circo contemporáneo y apúntenlas a continuación. Para ello, consulten medios de información actuales y confiables.

CAJÓN DE LETRAS

))) El teatro y el circo

el/la acróbata	el camerino	el escenario	el/la mago(a)	el público
el acto	la carpa	el/la equilibrista	el/la malabarista	el reparto
el actor/la actriz	la cartelera	el guion	el monociclo	la taquilla
la actuación	el/la director(a)	el/la maestro(a)	el palco	el telón
el billete	el/la dramaturgo(a)	de ceremonias	el/la payaso(a)	el/la trapecista
la butaca	la escena	la magia	la pista	

))) Los géneros teatrales

la comedia	el musical	el teatro de títeres
la comedia *stand up*	la ópera	el teatro infantil
el drama	el teatro callejero	el terror
el monólogo	el teatro de sombras	la tragedia

1 Observa las imágenes de la galería y escribe los elementos que se relacionan con el teatro y con el circo.

VTR

Galería de imágenes
http://mod.lk/3va3_u6g

   a Teatro: _____

   b Circo: _____

2 Lee los textos y designa los géneros teatrales.

a LA MAYORÍA DE LA GENTE VIENDO UN _____ :
YO:

b LA MAYORÍA DE LA GENTE VIENDO UNA PIEZA TEATRAL DE _____ :
YO:

c LA MAYORÍA DE LA GENTE VIENDO UN _____ :
YO:

d LA MAYORÍA DE LA GENTE VIENDO UNA _____ :
YO:

3 Conversa con un compañero: ¿cómo te comportas viendo los géneros teatrales mencionados en la actividad anterior?

¡ACÉRCATE!

1 Observa la imagen y lee el diálogo.

Este jueves **estrenará** la nueva pieza de Miguel Rosales. Se prevé que **irá** una gran cantidad de público.

Representarán *Don Quijote*, ¿verdad?

Futuro Imperfecto de Indicativo

Verbos regulares

Pronombres	Representar	Ver	Ir
Yo	representaré	veré	iré
Tú/Vos	representarás	verás	irás
Él/Ella/Usted	representará	verá	irá
Nosotros(as)	representaremos	veremos	iremos
Vosotros(as)	representaréis	veréis	iréis
Ellos(as)/Ustedes	representarán	verán	irán

El Futuro Imperfecto de Indicativo se utiliza para hablar de eventos futuros o expresar hipótesis sobre el presente o el futuro. Ejemplos: ¿**Tendrán** miedo esos acróbatas? / A lo mejor mañana **veremos** una comedia en el teatro.

Verbos irregulares

Pronombres	Decir	Poder	Saber	Tener
Yo	diré	podré	sabré	tendré
Tú/Vos	dirás	podrás	sabrás	tendrás
Él/Ella/Usted	dirá	podrá	sabrá	tendrá
Nosotros(as)	diremos	podremos	sabremos	tendremos
Vosotros(as)	diréis	podréis	sabréis	tendréis
Ellos(as)/Ustedes	dirán	podrán	sabrán	tendrán

Pronombres	Caber	Salir	Venir	Querer
Yo	cabré	saldré	vendré	querré
Tú/Vos	cabrás	saldrás	vendrás	querrás
Él/Ella/Usted	cabrá	saldrá	vendrá	querrá
Nosotros(as)	cabremos	saldremos	vendremos	querremos
Vosotros(as)	cabréis	saldréis	vendréis	querréis
Ellos(as)/Ustedes	cabrán	saldrán	vendrán	querrán

2 Lee el texto sobre la trama de una obra teatral y complétalo con los verbos en Futuro Imperfecto de Indicativo.

> empezar   ponerse   traer   valer

 Alba vive en una pequeña ciudad mexicana y uno de sus mayores sueños es vivir cerca de la playa. El mar siempre le encantó y ella está segura de que, estando cerca, _____ más feliz. Piensa que este cambio le _____ más tranquilidad y _____ la pena. Para concretar su sueño, _____ a tomar algunas decisiones importantes, como...

3 ¿Cuáles serán las importantes decisiones que Alba tomará en la pieza de teatro? Conversa con un compañero y piensa en cuatro hipótesis usando verbos en Futuro Imperfecto de Indicativo.

4 Lee y haz un círculo alrededor de los verbos en Futuro Imperfecto de Indicativo.

El futuro en el cual los animales estarán libres y serán respetados en los espectáculos ya llegó a este circo: el arte de los hologramas.

@isabela_b Fantástico. Estoy segura de que todos querrán disfrutar este espectáculo.

@carmen1 Cuando haya una presentación así en mi ciudad, seguramente iré a verla.

5 Imagina cómo serán los circos del futuro y descríbelos oralmente usando verbos en Futuro Imperfecto de Indicativo.

6 Clasifica en regulares e irregulares los verbos en Futuro Imperfecto de Indicativo de las actividades 2 y 4. Escribe sus infinitivos.

Regulares	Irregulares

7 Pregunta a un compañero y escribe sus respuestas.

a ¿Cómo evolucionarán los espectáculos de circo gracias a la tecnología?

_____

b ¿Qué atracción circense crees que te parecerá más interesante cuando seas adulto?

_____

c ¿Cómo serán los teatros dentro de cinco años?

_____

d ¿Surgirán nuevos géneros teatrales o circenses? ¿Cuáles?

_____

> ▷ **Identificar los elementos y artistas del teatro contemporáneo**
>
> Este es el director/el actor/la actriz/el dramaturgo.
> La pieza teatral será representada en el anfiteatro/ en la calle/en la plaza.
> Esta pieza será interesante/inolvidable/aburrida, ¿no te parece?
>
> ▷ **Identificar los elementos y artistas del circo contemporáneo**
>
> Este es el equilibrista/acróbata/malabarista/ contorsionista que te comenté.
> En este número me parece que los artistas se
>
> equilibrarán/harán acrobacias/harán malabares/se contorsionarán.
> Los números serán realizados en la pista/en la calle/en la plaza.
>
> ▷ **Hablar del futuro y formular hipótesis sobre él**
>
> Mañana/Pasado mañana la taquilla abrirá a las nueve.
> Después del espectáculo los artistas celebrarán el estreno.
> Supongo que... habrá otros espectáculos como este.
> Probablemente/Posiblemente... será el estreno más vendido de la historia.
> Tal vez... tendrán que ensayar más veces.

1 🔊24 Escucha la grabación, identifica a los artistas del circo y apunta qué harán en el nuevo espectáculo.

a Adrián: _____

b David: _____

c Ana: _____

d Daniel: _____

2 Conversa con un compañero: pídele que te describa qué hará uno de los profesionales del circo o del teatro e intenta identificarlo. Luego cambien los papeles.

Ejemplo: Este profesional coordinará la actuación de los actores y ensayará con ellos el texto teatral. Será el director de la pieza de teatro.

3 🔊25 Escucha las descripciones y escribe dónde se realizarán las piezas teatrales y a qué género corresponden.

a _____

b _____

c _____

4 Conversa con un compañero y formula hipótesis sobre cómo serán estos espectáculos.

5 Investiga nombres de obras de teatro contemporáneas y pide a un compañero que formule hipótesis sobre ellas. 🌐

1 Observa la imagen y lee el diálogo.

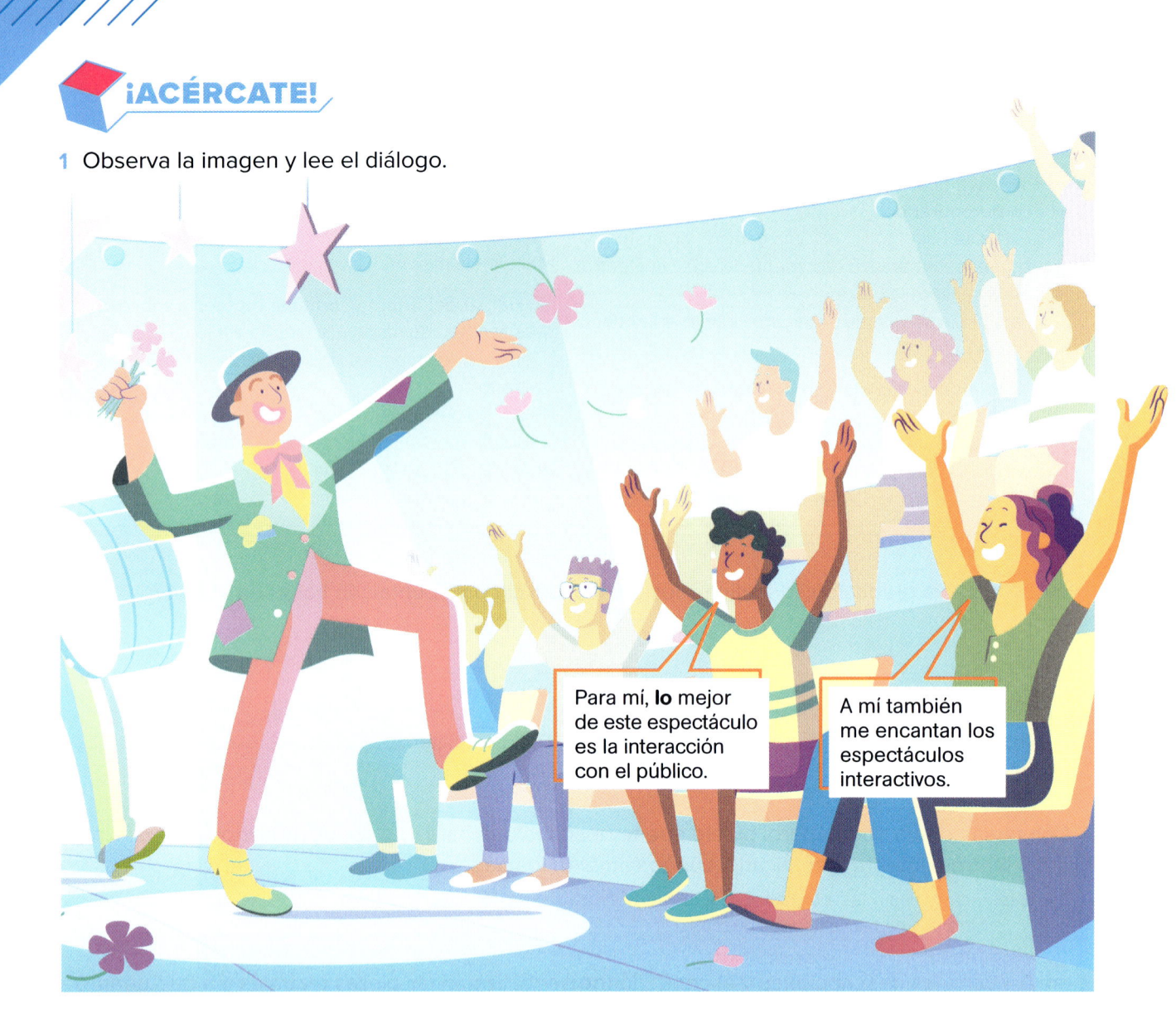

Para mí, **lo** mejor de este espectáculo es la interacción con el público.

A mí también me encantan los espectáculos interactivos.

Artículo neutro "lo"

El artículo neutro "lo" es invariable, o sea, siempre se usa en singular y masculino. Una de sus funciones es sustantivar los adjetivos.

Usos	Funciones del artículo "lo"	Ejemplos
"lo" + adjetivo	sustantivar el adjetivo masculino o femenino	**Lo** interesante de este espectáculo es el final inesperado de la historia. (= La cosa interesante…)
"lo" + que	se refiere a una idea ya expresada o que se va a expresar	**Lo** que más queremos es que el público se divierta.
"lo" + de	se refiere a algo ya conocido por los hablantes	**Lo** de organizar una sorpresa al director es una buenísima idea.

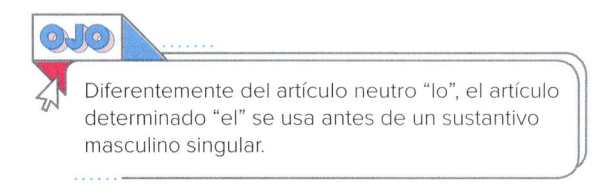

Diferentemente del artículo neutro "lo", el artículo determinado "el" se usa antes de un sustantivo masculino singular.

2 Completa las frases con "el" o "lo".

a _____ actor está nervioso por el estreno.

b _____ de ensayar muchas horas es algo común.

c _____ mejor del circo es _____ clima de fantasía.

d _____ acróbata entrena todos los días para su número.

e _____ que le encanta a ese dramaturgo es escribir comedias.

f _____ interesante del papel son las contradicciones del personaje.

3 Fundamenta el uso del artículo "lo" en los refranes a continuación.

a Vive a lo grande.

_____

b Lo que los ojos no ven, el corazón no lo siente.

_____

c En boca de mentiroso, lo cierto es dudoso.

_____

d Lo pasado, pisado.

_____

e La esperanza es lo último que se pierde.

_____

f No todo lo que brilla es oro.

_____

4 Elige tres de los refranes de la actividad anterior y explícalos con tus palabras.

5 Escribe títulos para obras de teatro de los siguientes géneros. Usa el artículo neutro "lo".

a Drama: _____

b Musical: _____

c Comedia *stand up*: _____

d Monólogo: _____

e Teatro infantil: _____

f Ópera: _____

CONTEXTOS

> ### ◢ Género textual: texto teatral
> El texto teatral tiene como principal objetivo la escenificación. Se divide en actos y escenas. Los actos corresponden a un ciclo de acciones interrelacionadas entre sí. Las escenas indican salidas y entradas de personajes, cambio de iluminación o efectos sonoros. Para señalar lo que dicen los personajes, se suelen indicar sus nombres. Para especificar un cambio en el escenario, un sonido o un efecto especial, la información va en itálico o entre paréntesis.

⟩⟩⟩ Prelectura

1 Observa rápidamente el texto a continuación e indica oralmente: su título, el nombre de los personajes y el nombre del autor.

⟩⟩⟩ Lectura

2 🎧 026 Lee el texto y sigue las instrucciones.

a Haz un círculo alrededor del género teatral.

b Subraya el escenario principal.

c Señala con una "X" las informaciones que se dan para la actuación de los actores.

CUATRO ESTRELLAS – ACTO 1

Módulo principal de una nave espacial.

Al ser una comedia, la escenografía puede ser extravagante o exagerada en lo que a ciencia ficción se refiere. La pared posterior se puede cubrir con una pintura que represente un cielo estrellado visible desde la ventana. A ambos lados hay dos tabiques, de un lado un teléfono radio y una terminal con una luz roja intermitente, y del otro lado un hacha también roja, en una caja de cristal con la leyenda "Romper en caso de emergencia". En la cuarta pared también se incluye una ventana que ofrece a los pasajeros unas vistas impresionantes de la Tierra, la luna y las estrellas, de acuerdo con la rotación del habitáculo. A la izquierda del escenario ubicamos la salida para el puesto de mando y el laboratorio. Los baños y salas comunes al otro lado de la cabina. Jonathan, de pie frente al público, está sorprendido admirando el espectáculo.

Jonathan: Es increíble, mira, Yésica, ¡se ve Argentina!

Yésica, fingiendo que busca algo, lanza una mirada en dirección a Jonathan.

Yésica: Ah, sí... Qué chiquita que se la ve...

Jonathan: Se ve claramente la cordillera de los Andes, la selva Amazónica deforestada, Punta del Este... ¡Por poco no se ve mi yate que está amarrado ahí!

Yésica: Con Google Earth se vería. Si pudiera encontrar mi celular...

Jonathan: Esto es una locura, qué bueno que hoy en día los mapas son estrictamente fieles a la realidad, a diferencia de la Edad Media en que no mencionaban a América. Aquí tenemos una prueba visual de aquel error.

Yésica: ¡No me digas que pagué una fortuna por este vuelo para descubrir eso!

Jonathan: Pero, mira, incluso puedo ver el Río de la Plata (*se acerca a la ventana*). No, no... Es caca de paloma en la ventana...

Yésica (*acercándose también a la ventana*): ¡Qué curioso! Desde aquí no vemos las fronteras...

Jonathan (*riendo*): ¿Qué esperabas? ¿Ver las líneas como en los mapas de Geografía? Dicen que se podía ver hasta el muro de Berlín.

MARTÍNEZ, Jean-Pierre. *Cuatro estrellas.* Adaptado de: <https://comediatheque.net/wp-content/uploads/2017/03/4ESTRELAS.pdf>. Acceso el: 28 nov. 2020.

⟩⟩⟩ Poslectura

3 Relaciona los siguientes datos.

a Tipo de viaje realizado por los personajes.

b Ciudades mencionadas.

c País visto por los personajes.

d Paisajes naturales mencionados.

☐ La cordillera de los Andes y la selva Amazónica.

☐ Viaje espacial.

☐ Punta del Este, Berlín.

☐ Argentina.

4 Señala la opción que completa correctamente las frases.

a El viaje realizado por los personajes es:

☐ caro. ☐ barato.

b Desde la nave, Argentina parece ser:

☐ grande. ☐ pequeña.

c Además de la nave, se menciona un medio de transporte:

☐ acuático. ☐ terrestre.

d El error de los mapas de la Edad Media mencionado se relaciona con:

☐ América. ☐ el Río de la Plata.

5 Opina junto con un compañero.

a ¿Les gustaría ver la representación de este texto? ¿Por qué?

b ¿Cómo imaginan los otros actos y escenas de esta obra?

c ¿Se parece a otras obras de este género que conozcan? ¿En qué aspectos?

6 ¿Cómo crearías un escenario de un viaje espacial para una obra de teatro? Descríbeselo oralmente a un compañero.

7 Para ti, ¿cómo serán los viajes espaciales del futuro? Descríbelos oralmente usando verbos en Futuro Imperfecto de Indicativo.

8 En grupos, investiguen en internet otro texto teatral e indiquen en el cuaderno su título, autor(a), género teatral y personajes principales. 🌐

POR EL MUNDO 🎧270

Una representación teatral, un espectáculo de circo, una presentación de danza… Actividades como estas ¿pueden servir como herramientas de transformación social? El arte, además de entretener, promueve reflexiones y genera cambios importantes en la sociedad. Escucha la grabación y conoce algunos proyectos artísticos que transformaron vidas e impactaron a quienes los llevaron a cabo.

¡AHORA TÚ!

))) Plan del texto 🌐

❏ Vas a escribir un *sketch*, o sea, una escena corta, generalmente cómica, que forma parte de una pieza de teatro, un programa de televisión o una película junto con otras del mismo tipo. Busca ejemplos de *sketches* para tu producción.

❏ Define un tema para tu texto y crea los personajes y el escenario.

❏ Organiza las ideas y decide qué dirán los personajes y cómo actuarán.

))) Producción y divulgación 🌐

❏ Esboza el texto e incluye los datos sobre el escenario, los efectos sonoros y las instrucciones para los actores.

❏ Elige un título para la producción y revísala. Luego pide a un compañero que la analice y haz las correcciones necesarias.

❏ Publica tu elaboración final en la Plataforma Ventana (<www.ventanaaelespanol.com.br>) con la etiqueta "*sketch*". De ser posible, escenifica tu *sketch* en clase.

7

HISTORIAS QUE ENGANCHAN

d

e

f

▷ identificar características de la literatura y del cine;

▷ relacionar eventos en el pasado.

¿QUÉ SABES?

▷ ¿Te gustan más los libros impresos o los electrónicos? ¿Por qué?

▷ ¿Prefieres ver películas en casa o en el cine? ¿Por qué?

▷ ¿Te gusta más leer libros o ver películas? ¿Por qué?

¡A EMPEZAR!

1 Relaciona lo que ves en las imágenes.

Libros:

☐ impresos.

☐ electrónicos.

☐ audiolibros.

Películas:

☐ en el cine.

☐ en *streaming*.

☐ interactivas.

2 🎧 028 Vas a escuchar la publicación de un blog sobre cine y literatura. Además de los libros y películas, ¿qué otros ítems se mencionan?

a ☐ Telenovelas.

b ☐ Series.

c ☐ Fanficciones.

d ☐ Cómics.

VTR

Imágenes animadas
http://mod.lk/3va3_u7i

3 🎧 Lee el texto y subraya los nombres que se dan a las personas aficionadas a los libros y al cine.

BLOG LITERATURA CINEMA

Cine   Literatura   Cultura

¿QUÉ PUEDO VER O LEER AHORA?

¡Hola!

Ya se acerca el fin de semana y sé que tú, como yo, estás ansioso por ver series, películas o empezar una nueva lectura. Para ayudarte en la elección, he preparado un resumen con las principales novedades sobre el universo del cine y la literatura.

Palomitacas

Palomitacas.com es un servicio de recomendación de películas y series para ver en casa o en el cine. Te enterarás de los últimos estrenos, cuáles son las más populares en la actualidad y las *top* favoritas. La página web dispone de foros, listas, calendarios y críticas de los espectadores. También puedes crear un diario con todo lo que has visto y lo que quieres ver, además de escribir tus propias críticas y descubrir lo que están viendo otros usuarios.

Elige la aventura

¡La interactividad también está en los filmes! Crece el número de películas en *streaming* en las que el espectador toma decisiones en nombre de los personajes y decide lo que va a ocurrir. Cada elección lleva a una aventura diferente y, así, cada vez que vuelvas a ver ese film, la historia cambiará.

Literatura a todo volumen

Setenta y siete obras de la literatura clásica en formato de audiolibro están disponibles en el proyecto "Mi novela favorita", de la cadena radiofónica peruana RPP. Es posible escucharlas desde la página web <https://rpp.pe/audio/podcast/minovelafavorita> y también en plataformas como Spotify, iTunes y SoundCloud.

Ficción escrita por fans

Imagina que Sherlock Holmes está enamorado o que Romeo y Julieta no mueren de amor, sino que escapan a una isla desierta. Todo eso es posible en el universo de las fanficciones, historias escritas por fans inspiradas en obras y personajes famosos, un fenómeno que crece cada vez más en internet.

¡Buen finde, compañero bibliófilo y cinéfilo! ¡Que lo disfrutes!

4 ¿Qué otra palabra aparece en el texto como sinónimo de "película(s)"? _____

5 ¿Qué es Palomitacas, de acuerdo con el texto?

_____

6 El nombre Palomitacas está formado por las palabras "palomitas" y "butacas". Busca esas palabras en el **Glosario** y explica por qué se las utilizó para crear ese nombre.

_____

_____

7 Y tú, ¿cómo eliges las películas y series que vas a ver? Señala las opciones y luego compara tus respuestas con las de tus compañeros. ¿Coinciden?

a ☐ Miro los tráileres.

b ☐ Leo las sinopsis.

c ☐ Elijo películas y series que son de mi género cinematográfico favorito.

d ☐ Busco recomendaciones en blogs, canales y otras páginas en internet.

e ☐ Elijo películas y series protagonizadas por actores que me gustan.

f ☐ Pido sugerencias a mis familiares y amigos.

8 Explica con tus palabras el significado de "*streaming*". Si es necesario, investígalo. 🌐

_____

9 ¿A quiénes pueden interesarles los audiolibros? Conversa con tus compañeros y luego apunta las conclusiones.

_____

_____

10 Considera el texto que has leído y las actividades que has realizado y contesta oralmente la pregunta que se hace en el título del texto: ¿qué puedo ver o leer ahora?

11 Qué personajes clásicos de la literatura se mencionan en el texto? Investiga quiénes son sus autores y a qué géneros literarios pertenecen sus historias. 🌐

_____

POR EL MUNDO 🎧 029

El hábito de consumir y comentar películas se ha extendido por todo el mundo. Para saber qué opinan los adolescentes españoles y argentinos sobre el cine y conocer algunas de sus preferencias, escucha la grabación.

CAJÓN DE LETRAS

La literatura

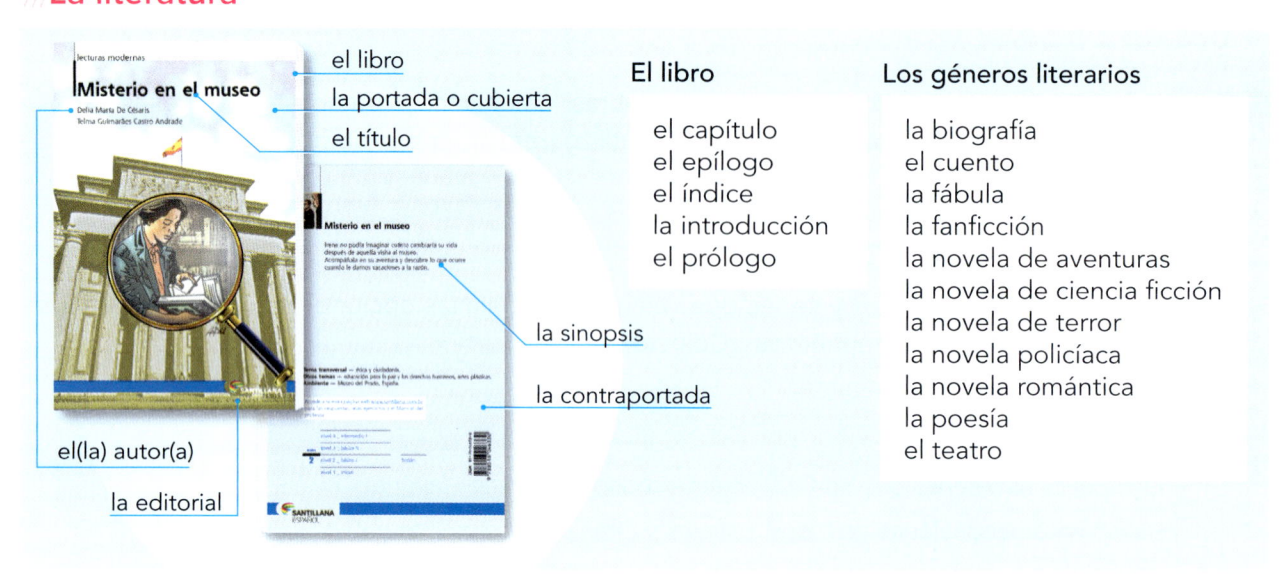

el libro
la portada o cubierta
el título
el(la) autor(a)
la editorial
la sinopsis
la contraportada

El libro

el capítulo
el epílogo
el índice
la introducción
el prólogo

Los géneros literarios

la biografía
el cuento
la fábula
la fanficción
la novela de aventuras
la novela de ciencia ficción
la novela de terror
la novela policíaca
la novela romántica
la poesía
el teatro

El cine

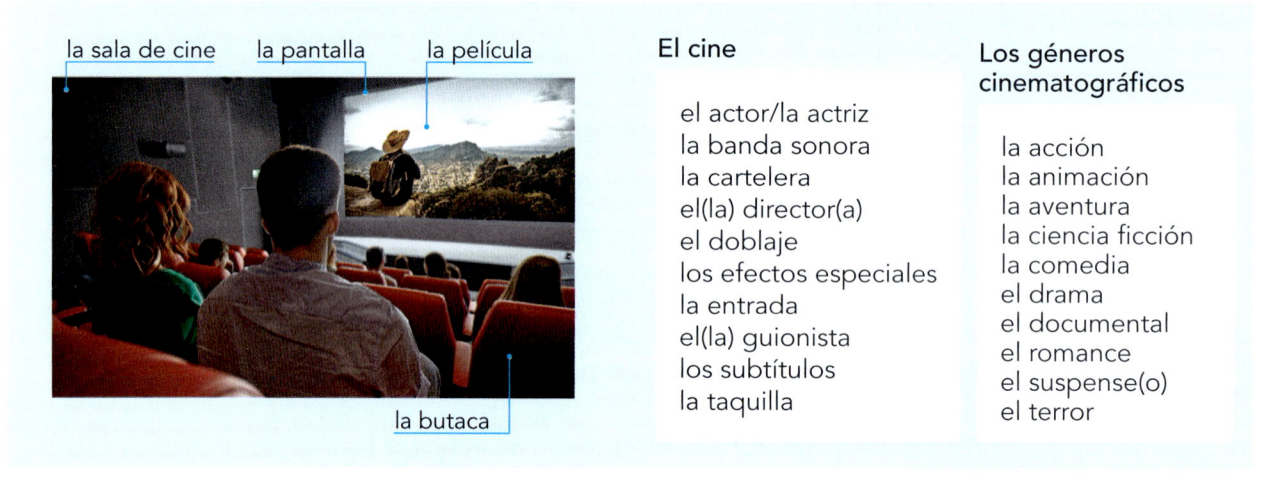

la sala de cine   la pantalla   la película
la butaca

El cine

el actor/la actriz
la banda sonora
la cartelera
el(la) director(a)
el doblaje
los efectos especiales
la entrada
el(la) guionista
los subtítulos
la taquilla

Los géneros cinematográficos

la acción
la animación
la aventura
la ciencia ficción
la comedia
el drama
el documental
el romance
el suspense(o)
el terror

---

1 🎧 030 Escucha la sinopsis de un libro y contesta las preguntas.

a ¿Cuál es el título del libro?

_____

b ¿Cómo se llama la autora?

_____

c ¿Cómo se llama el personaje principal?

_____

d ¿Cuál podría ser el género de este libro?

_____

2 Apunta los géneros cinematográficos que se sugieren en la galería de imágenes.

_____

Galería de imágenes
http://mod.lk/3va3_u7g

¡ACÉRCATE!

1 Observa la imagen y lee la frase.

> Cuando llegué al cine, ya **habían vendido** todas las entradas.

ENTRADAS AGOTADAS

))) Repaso de los participios

2 Completa la tabla y repasa los participios.

Infinitivo	Participio
interpretar	
	leído
ver	
volver	
	hecho
elegir	
escribir	

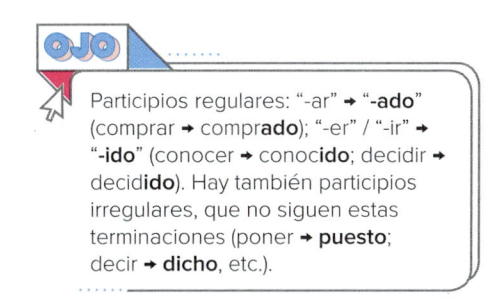

> **OJO**
> Participios regulares: "-ar" ➜ "-**ado**" (comprar ➜ compr**ado**); "-er" / "-ir" ➜ "-**ido**" (conocer ➜ cono**cido**; decidir ➜ deci**dido**). Hay también participios irregulares, que no siguen estas terminaciones (poner ➜ **puesto**; decir ➜ **dicho**, etc.).

))) Pretérito Pluscuamperfecto de Indicativo

Pronombres	"Haber" en Pretérito Imperfecto de Indicativo	Participio
Yo	había	
Tú/Vos	habías	
Él/Ella/Usted	había	estrenado, publicado, pedido, ido, abierto, resuelto, etc.
Nosotros(as)	habíamos	
Vosotros(as)	habíais	
Ellos(as)/Ustedes	habían	

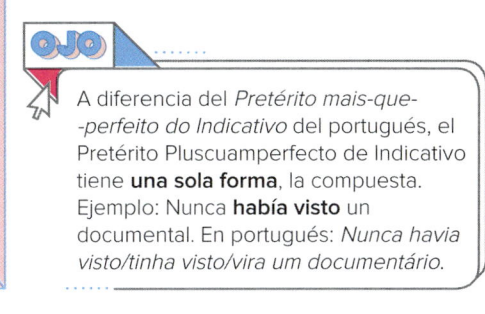

> **OJO**
> A diferencia del *Pretérito mais-que-perfeito do Indicativo* del portugués, el Pretérito Pluscuamperfecto de Indicativo tiene **una sola forma**, la compuesta. Ejemplo: Nunca **había visto** un documental. En portugués: *Nunca havia visto/tinha visto/vira um documentário.*

El Pretérito Pluscuamperfecto de Indicativo expresa acciones o hechos pasados anteriores a otras acciones o hechos pasados.

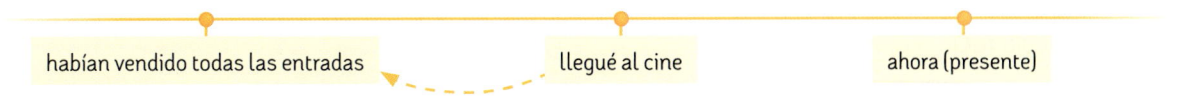

habían vendido todas las entradas — llegué al cine — ahora (presente)

También se usa para hablar de una primera experiencia. Ejemplo: Nunca *había leído* una novela de ciencia ficción. (Hasta ahora que he leído la primera).

3 Completa el texto con los verbos conjugados en Pretérito Pluscuamperfecto de Indicativo.

LA LIBRERÍA:
UNA PELÍCULA PARA LECTORES

Cuando la directora española Isabel Coixet llevó al cine la película *La librería*, muchos amantes de la literatura ya _____ [leer] la novela de mismo nombre, escrita por Penélope Fitzgerald en 1978.

A pesar de que la trama fuera conocida, eso no impidió el éxito de taquilla de la película: en solo dos semanas, más de 200 000 espectadores ya la _____ [ver].

La librería narra la historia de Florence Green, una mujer que _____ [quedarse] viuda y decidió abrir una librería en un pequeño pueblo de la costa británica a finales de los años 1950. Lo que parecía una decisión sencilla de una persona que amaba los libros provocó una gran agitación entre los vecinos, ya que esa sería la primera de la zona.
Al poco tiempo de abrirla, Florence consigue su primer cliente: un señor llamado Edmund, que será de vital importancia para que siga adelante con su sueño.

La película, que es una verdadera declaración de amor a la literatura, recibió tres premios Goya, el óscar del cine español: mejor película, mejor dirección y mejor guion adaptado. Antes ya _____ [ser] galardonada en la Feria del Libro de Frankfurt como la mejor adaptación literaria.

En diciembre de 2018 llegó a Brasil en un servicio de *streaming*, pero meses antes ya _____ [estrenar] en las salas de cine del país.

4 Señala lo que sucedió primero, de acuerdo con el texto.

a La historia de *La librería* fue contada primero en:

☐ una película. ☐ un libro.

b Primero, Florence:

☐ se quedó viuda. ☐ decidió abrir una librería.

c La película recibió primero:

☐ los premios Goya. ☐ el premio en la Feria del Libro de Frankfurt.

d La película llegó primero a Brasil en:

☐ un servicio de *streaming*. ☐ las salas de cine.

LENGUA EN USO

Ayer, **vi** la película *Yo antes de ti*. **El año pasado**, ya **había leído** el libro de Jojo Moyes en que está basada.

▷ **Relacionar eventos en el pasado**

En 2019 la película *Yo antes de ti* **llegó** al *streaming*. **Tres años antes** ya **había estrenado** en las salas de cine. **En 2012** Jojo Moyes **escribió** la novela romántica *Yo antes de ti*. **Antes** ya **había escrito** *La última carta de amor*.

1 En parejas, conversen sobre los siguientes temas.

a Piensa en una película o serie que hayas visto y que esté basada en un libro. ¿Cómo se llama? Cuenta a tu compañero qué hiciste primero: ver la película/serie o leer el libro.

b Piensa en una película ganadora del Oscar que hayas visto. ¿Cómo se llama? Cuenta a tu compañero si la viste antes o después de ganar el premio.

> Cuando vi..., ya...
> Cuando vi..., todavía no...

2 0310 Escucha la grabación y adivina qué película se describe.

3 ¡Ahora es tu turno! Describe oralmente una película, serie o libro que te gusta mucho, sin decir su nombre. Tus compañeros intentarán adivinar cuál es el título. Durante tu presentación no te olvides de:

a situar la historia en el tiempo (en los días de hoy, en la Edad Media, en el futuro, etc.) y los lugares donde suceden los acontecimientos;

b hablar de los principales personajes;

c describir los acontecimientos más importantes y los temas de que trata;

d expresar tu opinión sobre esa película, serie o libro.

1 Observa la imagen y lee lo que dice el adolescente.

¡Esta peli es **aburridísima**! **Aunque** me lo habían advertido, he decidido verla…

》 Formación de los superlativos

		Ejemplos
Adjetivo	terminado en vocal: pierde la vocal final + **"-ísimo(a)"**	lindo(a) ➜ **lindísimo(a)**
	terminado en consonante: + **"-ísimo(a)"**	fácil ➜ **facilísimo(a)**
	terminado en "-ble": cambia por **"-bil"** + **"-ísimo(a)"**	notable ➜ **notabilísimo(a)**
Otras formas	algunos superlativos se forman mediante un cambio de la palabra	bueno(a) ➜ **buenísimo(a)/óptimo(a)** malo(a) ➜ **malísimo(a)/pésimo(a)** grande ➜ **máximo(a)** pequeño(a) ➜ **mínimo(a)**

》 Conjunciones concesivas "aunque" y "a pesar de que"

Las conjunciones concesivas informan un hecho o acción que se realiza a pesar de un obstáculo que podría impedirlo.

Ejemplo: **Aunque** las entradas son caras y hay oferta de *streaming*, las personas no dejan de ir al cine.

¿Cuál sería la consecuencia lógica de entradas caras y de la oferta de *streaming*? Dejar de ir al cine. Sin embargo, eso no impide a las personas ir al cine.

Ejemplo: **A pesar de que** la crítica fue negativa, la película fue un éxito de taquilla.

¿Cuál sería la consecuencia lógica de una crítica negativa? Disminuir el interés del público por la película. Sin embargo, eso no impidió que la película fuera un éxito de taquilla.

2 Lee el foro y sustituye las palabras entre corchetes por los respectivos superlativos.

FOROS

Ingresar / Registrarme   Buscar…

Artes   Ciencias   Literatura   Tecnología

Nico
Paraguay

¿Qué libros me recomiendan? Me gustan las tramas históricas y de suspenso.

Lola
España

Te recomiendo *El chico de la flecha*, de Espido Freire, que cuenta la historia de un niño   [muy inteligente] de doce años que empieza a madurar con preocupaciones y errores típicos de cualquier adolescente.
A pesar de lo que se imagina, no se trata de una trama más sobre un adolescente que está creciendo, ya que los acontecimientos tienen lugar en el siglo I, o sea, ¡durante el Imperio Romano! Es una lectura   [muy agradable] para los adolescentes a los que nos gusta la Historia. También disponible en formato electrónico.

Toni
Uruguay

Si buscas una historia de misterio, te recomiendo *El príncipe da la niebla*, de Carlos Ruiz Zafón. La trama, que es   [muy buena], transcurre durante la Segunda Guerra Mundial y está protagonizada por los hermanos Max y Alicia que se ven en una jornada [muy difícil] contra el Príncipe de la Niebla, un personaje siniestro. Este es el primer libro de lo que se llama "la trilogía de la niebla".

3 Une las frases con las conjunciones concesivas entre corchetes y conoce dos recomendaciones de series. Luego explica cuál sería la consecuencia lógica que no se cumplió en cada frase.

a *Anne, con E* sea un éxito mundial – la serie fue cancelada luego de su tercera temporada [a pesar de que]

_____

La consecuencia lógica sería _____

b engancha a todos los públicos – la serie *Yo nunca* está pensada para adolescentes [aunque]

_____

La consecuencia lógica sería _____

◢ **Género textual: fábula**

La fábula es una composición literaria breve en prosa o verso. Tiene pocos personajes que son, en general, animales u objetos humanizados. La historia finaliza con una moraleja, o sea, una enseñanza moral, un consejo de conducta, que puede ser una frase o estrofa.

⟫ Prelectura

1 Conversa con tus compañeros y responde a las siguientes preguntas.

a ¿Has leído alguna vez una fábula? En caso afirmativo, ¿te acuerdas del título o del autor?

b ¿Cuáles de estos aspectos tienes en cuenta a la hora de elegir un libro? ¿Por qué?

☐ El autor.   ☐ La portada.   ☐ La cantidad de páginas.

☐ El título.   ☐ El género literario.   ☐ Otro: _____

⟫ Lectura

2 📎032 Lee la siguiente fábula en forma de poema.

Los dos huéspedes

Tomás de Iriarte

Pasando por un pueblo
de la montaña,
dos caballeros mozos
buscaban posada.
De dos vecinos
reciben mil ofertas
los dos amigos.

Porque a ninguno quieren
hacer desaire,
en casa de uno y otro
van a hospedarse.
De ambas mansiones,
cada huésped la suya
a gusto escoge.

La que el uno prefiere
tiene un gran patio
y bello frontispicio
como un palacio;
sobre la puerta
su escudo de armas tiene,
hecho de piedra.

La del otro a la vista
no era tan grande,
mas dentro no faltaba
dónde alojarse;
como que había
piezas de muy buen temple,
claras y limpias.

Pero el otro palacio
del frontispicio
era, además de estrecho,
oscuro y frío:
mucha portada,
y por dentro desvanes
a teja vana.

El que allí pasó un día
mal hospedado,
contaba al compañero
el fuerte chasco.
Pero él le dijo:
"Otros chascos como ese
dan muchos libros".

Las portadas ostentosas de
los libros engañan mucho.

Disponible en: <www.cervantesvirtual.com/obra-visor/fabulas-literarias--0/html/fedea2ba-82b1-11df-acc7-002185ce6064_3.html#I_42_>. Acceso el: 18 nov. 2020.

⫸Poslectura

3 Cada caballero va a una casa porque:

a ☐ los dos no caben en una única casa.

b ☐ no les gusta compartir el dormitorio.

c ☐ los dos se llevan mal.

d ☐ no quieren ser groseros rechazando las ofertas.

4 Marca 1 para las características de la primera casa y 2 para las de la segunda.

a ☐ Tiene un gran patio.

b ☐ Es oscura y fría.

c ☐ Parece pequeña vista desde fuera.

d ☐ Tiene habitaciones limpias e iluminadas.

e ☐ Es la más vistosa por fuera y la peor por dentro.

f ☐ Es más fea por fuera, pero la mejor por dentro.

5 Explica con tus palabras la moraleja de la historia.

_____

_____

6 Conversa con tus compañeros y responde oralmente a las preguntas.

a ¿Alguna vez has leído un libro que tenía una bonita portada, pero la historia era muy mala o, por el contrario, la portada era sencilla, pero la historia, excelente? Cuéntaselo a tus compañeros.

b ¿Sueles ver videos en internet de personas que recomiendan libros, los llamados *booktubers*? En caso afirmativo, ¿cómo se llaman esos *booktubers* o sus canales?

¡AHORA TÚ!

⫸Plan del texto 🌐

❏ Vas a ser *booktuber* por un día y presentar tu libro favorito a tus compañeros. Apunta las siguientes informaciones: título, autor, género literario, personajes principales y sinopsis.

❏ ¿Por qué te gusta tanto ese libro? ¿Por qué vale la pena leerlo? Apunta las respuestas.

❏ Ve algunos videos de *booktubers* para inspirarte. Observa cómo miran a la cámara, si son creativos, si se comunican de manera clara, si articulan bien las palabras y si hacen pausas.

❏ Piensa cómo podrías grabar tu video para que sea breve, atractivo y claro.

⫸Producción y divulgación 🌐

❏ Practica algunas veces lo que vas a decir, o sea, las informaciones que has apuntado sobre el libro y tus opiniones.

❏ Elige un lugar con buena iluminación y sin ruido para hacer la grabación del video.

❏ Después de grabarlo, mira el video y observa la calidad de la imagen y del sonido. También puedes utilizar algún programa para editarlo.

❏ Publica la versión final de tu video en una página web y compártela en la Plataforma Ventana (<www.ventanaalespanol.com.br>) con la etiqueta "reseña de libro en video".

REPASO

1 Lee la guía de ocio y realiza las actividades a continuación.

Guía de ocio de Leganés – Noviembre / ¿Tienes planes para este mes?

4
Stand up comedy de Tito

A las 20.00 | Teatro Gurdulú
¡No te puedes perder esta noche de humor!

5
Taller de escritura creativa de poesía

Días 5 y 12 | De 18.00 a 20.00
Centro Rosa Luxemburgo | Gratuito
Te invitamos a aventurarte en el mundo de las letras y escribir tus propios poemas.

6
El inspector

A las 19.00 | Teatro Rigoberta Menchú
Adaptación de la comedia teatral del dramaturgo ruso Gógol. Una sátira sobre la corrupción política.

10
El otro Leganés

Hasta diciembre | De jueves a domingo
De 09.00 a 17.00 | Centro Cultural | Gratuito
Exposición fotográfica que propone una nueva mirada sobre nuestra ciudad.

11
Espectáculo de magia

A las 19.30 | Auditorio Padre Soler
Disfruta de este impresionante espectáculo de magia para toda la familia.

12
Cuentacuentos

Día 12 a las 18.00 | Día 13 a las 15.00
Biblioteca Central | Gratuito
Cuentacuentos y firma de libros por la autora Aida Muñoz.

18
La percepción de la belleza

Días 18, 19 y 20 | De 10.00 a 17.30
Centro Cultural | Gratuito
Exposición de pinturas, esculturas y dibujos de artistas locales.

19
Circo Nacional

Días 19, 20, 26 y 27 | Calle Treseta
Sábados a las 17.00 y 19.30 | Domingos a las 14.00 y 18.00
Gran espectáculo con los mejores payasos, magos, acróbatas y malabaristas.

25
Festival de cine español

Días 26 y 27 | Desde las 18.30
Centro Cultural | Gratuito
¿Vamos al cine? Proyecciones de cortos y largometrajes españoles.

Basado en: <https://ocioenleganes.es/una-guia-del-ocio-leganes/guia-del-ocio-en-leganes-mayo2018-r_pagina_1/>. Acceso el: 14 dic. 2020.

a Completa la información:

La guía de ocio presenta actividades artísticas y culturales para el mes de _____ en la ciudad de _____, España.

b Apunta las actividades que son gratis.

_____

c Apunta las actividades que tendrán una única sesión.

_____

2 Agrupa las actividades de la guía de ocio según el tipo de arte.

a *Stand up comedy* de Tito.

b Taller de escritura creativa de poesía.

c *El inspector.*

d *El otro Leganés.*

e Espectáculo de magia.

f Cuentacuentos.

g *La percepción de la belleza.*

h Circo Nacional.

i Festival de cine español.

	Artes plásticas y visuales.
	Cine.
	Circo.
	Literatura.
	Teatro.

3 Contesta las preguntas de acuerdo con la guía de ocio.

a ¿Cuándo y dónde será el espectáculo de magia?

_____

b ¿Qué modalidades artísticas estarán presentes en las exposiciones del Centro Cultural?

_____

c ¿Qué géneros literarios integran la programación de noviembre?

_____

d ¿Qué artistas circenses se presentarán en el Circo Nacional?

_____

e ¿Qué géneros teatrales se incluyen en la programación de noviembre?

_____

f ¿Quién es Aida Muñoz?

_____

4 Identifica los verbos de la actividad anterior que están en Futuro Imperfecto de Indicativo.

_____

5 🎧 033 Escucha lo que dicen cuatro adolescentes. Luego conjuga los verbos entre corchetes en Futuro Imperfecto de Indicativo y establece hipótesis sobre cuál actividad de la guía de ocio le interesará a cada uno de ellos.

a Creo que _____. [ir]

b Posiblemente _____. [participar]

c Supongo que _____ ir _____. [querer]

d Probablemente _____ interés _____. [tener]

6 Si estuvieses en Leganés, ¿en cuál(es) actividad(es) te gustaría participar?

_____

_____

7 Lee las opiniones de algunas personas que fueron al Circo Nacional y complétalas con superlativos.

● ● ●   Q   ↻   ★

Circo Nacional 🧭 | 📞   📝 Escribir una opinión

4,5 ★★★★☆   246 opiniones

a **P** **Paty Quesada** ★★★★★
He ido varias veces con mi familia a este circo; todos los números son
_____, en especial las acrobacias aéreas. Es siempre una experiencia
_____. [muy lindos / muy agradable]

b **Javier Sánchez** ★★★★☆
Un gran circo, _____, a pesar de que faltan, en mi opinión, las motos
en esfera, o sea, el número de la rueda de la muerte. [muy divertido]

c **Nuria García** ★★★★☆
El espectáculo es _____; me gustaron mucho los payasos. La
experiencia fue positiva, aunque hago una crítica al servicio de compra de entradas por
internet, que es _____. [muy bueno / muy malo]

d **Raúl Pérez** ★★★★★
El espectáculo fue fantástico. Los malabaristas fueron increíbles; hicieron números
_____. Todo estuvo _____. [muy difíciles / muy
impecable]

8 Lee otra vez las opiniones sobre el Circo Nacional y haz un círculo alrededor de las dos conjunciones concesivas que fueron utilizadas.

9 Observa los títulos de algunas películas que estarán en el festival de cine español y relaciónalos con su respectiva estructura.

a _Lo que de verdad importa._   ☐ "Lo + de".
b _Lo imposible._   ☐ "Lo + que".
c _Lo de siempre._   ☐ "Lo + adjetivo".

10 🎧 Escucha algunos datos de una película de la actividad anterior y completa la información.

a Título de la película: _____.
b País y año de producción: _____.
c Juan Antonio Bayona es el _____ y Tom Holland es uno de los _____.
d Género cinematográfico: _____.

11 Ahora completa la sinopsis de la película conjugando los verbos entre corchetes en Pretérito Imperfecto de Indicativo.

Sinopsis de *Lo imposible*

María, Enrique y sus tres hijos _____ [comenzar] sus vacaciones en Tailandia. _____ [Ser] la mañana del 26 de diciembre y la familia _____ [descansar] en la piscina después de la Navidad cuando el mar, convertido en un enorme y violento muro de agua, invadió el recinto del hotel. María tuvo tiempo solamente de gritar antes de ser arrastrada por la terrible ola. Sin tiempo para asimilar lo que _____ [ver], los integrantes de la familia _____ [tener] que luchar por su supervivencia y por volver a reencontrarse.

Basado en: <www.espinof.com/diccionario-cine-television/lo-imposible-la-pelicula>. Acceso el: 15 dic. 2020.

12 Escucha las bandas sonoras y relaciónalas con sus respectivos géneros cinematográficos.

a ☐ Animación.

b ☐ Ciencia ficción.

c ☐ Romance.

d ☐ Suspense.

13 Apunta el participio de los siguientes verbos.

a Dibujar: _____.

b Actuar: _____.

c Escribir: _____.

d Construir: _____.

e Abrir: _____.

f Hacer: _____.

g Decir: _____.

h Poner: _____.

i Volver: _____.

j Romper: _____.

14 Conjuga los verbos del recuadro en Pretérito Pluscuamperfecto de Indicativo para completar las frases.

> dejar   formar   leer   salir   ver

a Cuando llegamos a la taquilla del teatro, ya se _____ una cola inmensa.

b ¿Ya _____ algún libro electrónico? [tú]

c Cuando decidí ver la película, ya _____ de cartelera.

d Nunca _____ un teatro de títeres. [nosotros]

e Cuando mis amigos llegaron a la clase de Arte, se dieron cuenta de que _____ el lienzo y los pinceles en casa.

15 Relaciona las imágenes con las frases de la actividad anterior. ¿Cuál sobra?

16 ¿Qué tipo de arte se ve en la imagen que sobra?

_____

17 Relaciona las partes de las frases.

- **a** El libro electrónico
- **b** El *streaming*
- **c** Una instalación desmontada
- **d** El grafiti

☐ deja de existir
☐ deja de ser
☐ empieza a ganar
☐ empieza a tener

☐ terreno sobre la televisión.
☐ vandalismo para convertirse en arte.
☐ lugar en las librerías y bibliotecas.
☐ físicamente y queda solo en la memoria y en los registros en foto y video.

18 Relaciona las frases de la actividad anterior con las siguientes imágenes.

HISTORIAS OLVIDADAS, CON ARTE CONTADAS

▷ **Organización:** la clase dividida en grupos de hasta cinco alumnos

▷ **Temas Contemporáneos Transversales:** *Diversidade Cultural; Educação para Valorização do Multiculturalismo nas Matrizes Históricas e Culturais Brasileiras*

▷ **Metodología activa:** aula invertida (*flipped classroom*)

En este proyecto los invitamos a entrar al mundo de las artes y las culturas indígenas y africanas, que son las bases de nuestra sociedad. Den rienda suelta a su creatividad y dejen volar la imaginación para (re)contar artísticamente historias que nos ayudan a (re)conocer los orígenes de nuestra propia cultura.

Primera etapa

En casa: vean un fragmento del video "Chimamanda Adichie: el peligro de la historia única" (del minuto 0:11 al 4:13), disponible en: <http://mod.lk/3va3_chi> (acceso el: 22 nov. 2020). Luego mírenlo otra vez y contesten en su cuaderno las siguientes preguntas:

▸ ¿A qué se dedica Chimamanda Adichie y de dónde es?

▸ ¿Hacia qué peligro llama la atención en su charla? Explícalo.

▸ ¿De dónde eran los libros que leía de niña?

▸ Chimamanda escribía las mismas historias que leía. ¿Cómo eran esos personajes?

▸ ¿Los personajes y las historias coincidían con la realidad en que vivía?

▸ ¿Cuándo cambió su percepción sobre la literatura?

En clase: conversen sobre los temas propuestos por el profesor.

Segunda etapa

En casa: vean el corto de animación "A lenda da vitória-régia", disponible en: <http://mod.lk/3va3_vic> (acceso el: 22 nov. 2020). Luego mírenlo otra vez y apunten en su cuaderno:

▸ quiénes son los personajes principales;

▸ dónde tiene lugar la historia;

▸ qué hacía Jaci con las jóvenes indígenas que elegía;

▸ qué quería Naiá y cuál fue su destino.

En clase: vean un video (que indicará el profesor) de la versión en español de la misma leyenda. Luego contesten oralmente las preguntas planteadas por el profesor.

Tercera etapa

En casa: lean la fábula africana "Os segredos da nossa casa".

Os segredos da nossa casa

Certo dia, uma mulher estava na cozinha e, ao atiçar a fogueira, deixou cair cinza em cima do seu cão. O cão queixou--se: — A senhora, por favor, não me queime! Ela ficou muito espantada: um cão a falar! Até parecia mentira... Assustada, resolveu bater-lhe com o pau com que mexia a comida. Mas o pau também falou: — O cão não me fez mal. Não quero bater--lhe! A senhora já não sabia o que fazer e resolveu contar às vizinhas o que se tinha passado com o cão e o pau. Mas, quando ia sair de casa a porta, com um ar zangado, avisou-a: — Não saias daqui e pensa no que aconteceu. Os segredos da nossa casa não devem ser espalhados pelos vizinhos. A senhora percebeu o conselho da porta. Pensou que tudo começara porque tratara mal o seu cão. Então, pediu-lhe desculpa e repartiu o almoço com ele.

GOMES, Aldónio. *Eu conto, tu contas, ele conta*: estórias africanas. Lisboa: Mar Além, 1999.

Vuelvan a leer la fábula y apunten en su cuaderno:
- ▶ quiénes y cómo son los personajes de la historia: humanos, animales u objetos humanizados;
- ▶ cuál es el consejo dado por la puerta;
- ▶ cuál es la moraleja de la fábula.

En clase: conversen sobre los temas propuestos por el profesor.

Cuarta etapa

En casa: investiguen y elijan una leyenda indígena o una fábula africana y piensen cómo podrían contar, a través de las artes, esa historia. Ejemplos: un teatro (de sombras, de títeres); una narración acompañada de una edición de fotografías, etc. El producto final de todos los grupos será un video de esa presentación.

En clase: el profesor se reunirá con cada uno de los grupos. Durante la reunión, los equipos van a presentar al profesor la leyenda indígena o fábula africana elegida y contarle cómo pretenden narrar artísticamente esa historia. El profesor les va a aclarar las posibles dudas.

Quinta etapa

En casa: los grupos van a escribir su texto en español y hacerse cargo de todos los materiales necesarios para su presentación (equipo, objetos, vestuario, etc.).

En clase: el profesor se reunirá con cada uno de los grupos para orientarlos sobre la versión de la historia en español y su presentación.

Sexta etapa

En casa: practiquen algunas veces la presentación y graben la primera versión del video. Véanlo y verifiquen la calidad del audio, la imagen y el contenido. Pueden editarlo, ponerle filtros, efectos, etc.

En clase: el profesor se reunirá con cada uno de los grupos para ver sus videos e indicarles posibles ajustes. Cuando el video del equipo esté finalizado, publíquenlo en una página web y compártanlo en la Plataforma Ventana (<www.ventanaalespanol.com.br>) con la etiqueta "videoleyenda" o "videofabula".

Séptima etapa

En casa: vean el video de todos los equipos, prestando atención a las historias narradas y a las modalidades artísticas empleadas.

En clase: conversen con los demás compañeros sobre sus videos: las historias, la importancia de valorar las culturas indígenas y africanas y comprender su influencia en nuestra historia, la relevancia de conocer diferentes versiones o facetas de una historia, etc.

Octava etapa

Con todos los equipos, organicen un evento para que los familiares, vecinos y toda la comunidad escolar puedan participar, ver los videos y (re)conocer esas historias.

GLOSARIO

Español-Portugués

A

a menudo: *frequentemente*

abierto(a): *aberto(a)*

abstracción: *abstração*

acceder: *acessar*

acción: *ação*

acero: *aço*

acervo: *acervo*

acogedor(a): *acolhedor(a)*

acrílico: *tinta acrílica*

acróbata: *acrobata*

acto: *ato*

actor/actriz: *ator/atriz*

actor/actriz de reparto: *ator/atriz coadjuvante*

acuarela: *aquarela*

adorno: *enfeite*

aerolínea: *companhia aérea*

aerosol: spray

aficionado(a): *fã*

agotado(a): *esgotado(a)*

agradable: *agradável; ameno(a) (clima)*

ahorrar: *economizar*

álbum: *álbum*

anidamiento: *nidificação*

animación: *animação*

anoche: *noite do dia anterior; ontem à noite*

antelación: *antecedência*

apurar(se): *apressar(-se)*

archivo: *arquivo*

arcilla: *argila*

arquitecto(a): *arquiteto(a)*

arquitectura: *arquitetura*

arruga: *prega (em tecido amassado); ruga*

B

arte callejero: *arte de rua* (street art)

arte digital: *arte digital*

artes plásticas: *artes plásticas*

artes visuales: *artes visuais*

asiento: *assento*

atelier: *ateliê*

atracción: *atração*

audiolibro: *audiolivro*

auricular: *fone de ouvido*

autobús: *ônibus*

autor(a): *autor(a)*

aventura: *aventura*

avistamiento: *avistamento*

ayer: *ontem*

baile: *dança*

bajo eléctrico: *baixo elétrico*

ballena: *baleia*

banda sonora: *trilha sonora*

banda: *banda*

barco: *barco*

batería: *bateria*

bibliófilo(a): *bibliófilo(a)*

billete: *ingresso; passagem*

biografía: *biografia*

bochorno: *mormaço*

boda: *casamento*

bolsa: *sacola*

botella: *garrafa; frasco*

brindis: *brinde*

bronce: *bronze*

bus: *ônibus*

butaca: *poltrona*

C

caballete: *cavalete*

caja de ritmo: *caixa de ritmos*

cálido(a): *quente (clima, tempo)*

calle: *rua*

callejero(a): *de rua*

calle peatonal: *calçadão*

caluroso(a): *quente (clima)*

cambio: *mudança*

camerino: *camarim*

camino: *caminho*

canción: *canção*

candombe: *candombe*

cantante: *cantor(a)*

cáñamo: *cânhamo*

capullo: *casulo*

carbón: *carvão*

carboncillo: *carvão (de desenho, de arte)*

carpa: *tenda*

cartelera: *programação (de cinema, teatro); cartaz*

casete: *fita cassete*

catálogo de exposición: *catálogo de exposição*

celebración: *celebração*

celebrar: *celebrar*

cerámica: *cerâmica*

ceremonia: *cerimônia*

cerezo: *cerejeira*

cerro: *colina*

chajá: *sobremesa uruguaia de massa, creme, suspiro e pêssego*

chasco: *decepção*

chicha: *bebida típica do Peru feita à base de milho*

chiste: *piada*

ciencia ficción: *ficção científica*

cincel: *cinzel*

cine: *cinema*

cinéfilo(a): *cinéfilo(a)*

ciudad: *cidade*

clarinete: *clarinete*

cola: *fila; rabo (de animal)*

colección: *coleção*

colectivo: *ônibus*

colina: *colina*

color: *cor*

comedia *stand up*: stand up comedy

comedia: *comédia*

cómic: *revista em quadrinhos*

comida: *comida; refeição*

compartir: *compartilhar*

concierto: *concerto;* show

conmemorar: *comemorar*

contrabajo: *contrabaixo*

contraportada: *contracapa*

coser: *costurar*

costumbre: *costume*

cruce: *travessia*

cuadro: *quadro*

cubierta: *capa*

cubismo: *cubismo*

cuento: *conto*

cuerda: *corda*

cueva: *caverna*

cumpleaños: *aniversário*

danza: *dança*

de buen temple: *agradável (pessoa)*

decoración: *decoração*

delfín: *golfinho*

desaire: *grosseria*

descargar: *descarregar; fazer* download

desfile: *desfile*

deshacer: *desfazer*

despejado(a): *aberto(a) (céu, tempo)*

desplazar(se): *deslocar(-se)*

dibujo: *desenho*

director(a): *diretor(a)*

director(a) de orquesta: *maestro/ maestrina*

disco compacto: *CD;* compact disc

disco: *disco*

disfraz: *fantasia*

disfrutar: *desfrutar*

doblaje: *dublagem*

documental: *documentário*

drama: *drama*

dramaturgo(a): *dramaturgo(a)*

edición: *edição*

editorial: *editora*

efectos especiales: *efeitos especiais*

elección: *escolha*

elegir: *escolher*

encuesta: *enquete*

enganchar: *prender (cativar)*

ensayar: *ensaiar*

enseñar: *mostrar; ensinar*

entrada: *ingresso; entrada*

epílogo: *epílogo*

episodio: *episódio*

equilibrista: *equilibrista*

equipaje: *bagagem*

escena: *cena*

escenario: *cenário; palco*

esculpir: *esculpir*

escultor(a): *escultor(a)*

escultura: *escultura*

espectáculo: *espetáculo*

espectador(a): *espectador(a)*

estarcido: *estêncil*

estreno: *estreia*

estrofa: *estrofe*

exhibir: *exibir*

éxito: *sucesso*

exponer: *expor*

exposición: *exposição*

expresionismo: *expressionismo*

fábula: *fábula*

fan: *fã*

fanficción: fanfic

faro: *farol*

fecha: *data*

feria: *feira*

feria del libro: *feira do livro*

ferri: *balsa;* ferryboat

festejo: *festejo*

festival: *festival*

festividad: *festividade*

ficción: *ficção*

fiesta: *festa*

film: *filme*

flauta: *flauta*

foro: *fórum*

fotografía: *fotografia*

fotógrafo(a): *fotógrafo(a)*

frasco: *frasco*

frontispicio: *frontispício*

fuegos artificiales: *fogos de artifício*

gafas: *óculos*

galardonado(a): *premiado(a)*

galería de arte: *galeria de arte*

género: *gênero*

glaciar: *geleira*

globo: *bexiga; balão*

golosina: *guloseima*

grabado: *gravura*

grado: *grau*

grafiti: *grafite*

grafito: *grafite (lápis)*

guion: *roteiro*

guionista: *roteirista*

guitarra: *violão*

guitarra eléctrica: *guitarra*

gusano de seda: *bicho-da-seda*

helada: *geada*
herencia: *herança*
hierro: *ferro*
historia: *história*
hoguera: *fogueira*
homenaje: *homenagem*
homenajear: *homenagear*
hormigón: *concreto*
humedad: *umidade*
húmedo(a): *úmido(a)*
huracán: *furacão*

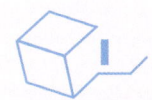

impresionismo: *impressionismo*
improvisación: *improviso*
índice: *índice*
instalación: *instalação*
instrumento: *instrumento*
instrumento de cuerda: *instrumento de cordas*
instrumento de percusión: *instrumento de percussão*
instrumento de viento: *instrumento de sopro*
interactivo(a): *interativo(a)*
intérprete: *intérprete*
intervención artística: *intervenção artística*
introducción: *introdução*
invierno: *inverno*
invitado(a): *convidado(a)*
invitar: *convidar*
isla: *ilha*

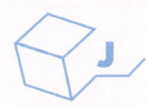

jeroglífico: *hieróglifo*
joven: *jovem*
juego: *jogo*

labrar: *talhar*
lector(a): *leitor(a)*
librería: *livraria*
libro: *livro*
libro electrónico: e-book
lienzo: *tela (de pintura)*
lista de reproducción: playlist
litografía: *litografia*
llover: *chover*
llovizna: *garoa*
lloviznar: *garoar*
lluvia: *chuva*
luna: *lua*

madera: *madeira*
maestro(a) de ceremonias: *mestre de cerimônias*
magia: *mágica*
mago(a): *mágico(a)*
malabarista: *malabarista*
maleta: *mala*
maletero: *porta-malas*
marea: *maré*
martillo: *martelo*
máscara: *máscara*
melodía: *melodia*
metal: *metal*
meteorólogo(a): *meteorologista*
misterio: *mistério*
monociclo: *monociclo*
monólogo: *monólogo*
moraleja: *moral*
mostrar: *mostrar*
mozo(a): *jovem; garçom*
muelle: *cais*
museo: *museu*
musical: *musical*

naturaleza muerta: *natureza morta*
niebla: *neblina*
nieve: *neve*
niñez: *infância*
Nochevieja: *noite de 31 de dezembro*
nominado(a): *indicado(a)*
novela: *romance*
nube: *nuvem*

óleo: *tinta a óleo*
orilla: *margem*
orquesta: *orquestra*
oso(a): *urso(a)*
ostentoso(a): *ostentoso(a)*
otoño: *outono*
oyente: *ouvinte*

palco: *camarote*
paleta: *paleta*
palomita: *pipoca*
pandereta: *pandeiro*
pantalla: *tela (de TV, celular etc.)*
pasaje: *passagem*
pastel: *giz pastel*
payaso(a): *palhaço(a)*
pelícano: *pelicano*
película: *filme*
percusión: *percussão*
personaje: *personagem*
piano: *piano*
piedra: *pedra*
pieza: *peça; quarto*
pigmento: *pigmento*

pincel: *pincel*

pincelada: *pincelada*

pinchadiscos: *DJ*

pingüino: *pinguim*

pintor(a): *pintor(a)*

pintura: *pintura*

piñata: *pinhata*

pista: *palco de circo*

plasmar: *representar*

plata: *prata*

platillo: *prato*

pódcast: podcast

podrir: *apodrecer*

poesía: *poesia*

policíaco(a): *policial*

portada: *capa*

posponer: *adiar*

postimpresionismo: *pós-impressionismo*

presentación: *apresentação*

prestar: *emprestar*

prólogo: *prólogo*

prosa: *prosa*

protagonista: *protagonista*

proyectar: *projetar*

publicar: *postar; publicar*

pueblo: *povo; cidade pequena*

puerto: *porto*

radio: *rádio*

rambla: *avenida que acompanha uma orla; calçadão*

recién: *recém*

recital: *recital*

recorrido: *percurso;* tour

recuerdo: *lembrança*

regalo: *presente*

reguetón: reggaeton

Renacimiento: *Renascimento*

reparto: *elenco*

reproducción: *reprodução*

retrato: *retrato*

ritmo: *ritmo*

rocoso(a): *rochoso(a)*

romántico(a): *romântico(a)*

rueda: *roda*

sala de cine: *sala de cinema*

***sample*:** sample

satisfacer: *satisfazer*

saxofón: *saxofone*

serie: *série*

serpentina: *serpentina*

servicio de *streaming*: *serviço de streaming*

sesión: *sessão*

siesta: *sesta; cochilo*

siglo: *século*

sinopsis: *sinopse*

sintetizador: *sintetizador*

***sketch*:** *esquete*

soleado(a): *ensolarado(a)*

sombra: *sombra*

sombrilla: *guarda-sol*

subtítulo: *legenda*

suspense(o): *suspense*

tachar: *riscar*

taller: *ateliê; oficina*

tambor: *tambor*

taquilla: *bilheteria*

teatro: *teatro*

teclado: *teclado*

tela (de araña): *teia*

telenovela: *novela*

telón: *cortina de teatro*

templado(a): *temperado(a); ameno(a) (clima)*

temporada: *temporada*

terror: *terror*

timbal: *tímpano (instrumento musical)*

títere: *fantoche*

título: *título*

tocadiscos: *toca-discos*

toga: *beca*

tono: *tom*

tormenta: *temporal*

toro: *touro*

tragedia: *tragédia*

tráiler: trailer

trapecio: *trapézio*

trapecista: *trapezista*

trasladar(se): *deslocar(-se)*

travesía: *travessia*

trilogía: *trilogia*

trueno: *trovão*

valija: *mala*

vanguardia: *vanguarda*

verano: *verão*

vereda: *calçada; caminho*

verso: *verso*

vestimenta: *vestimenta*

vibra: *vibração*

vibración: *vibração*

videollamada: *videochamada*

viento: *vento*

vinilo: *vinil*

violín: *violino*

visita guiada: *visita guiada*

vuelo: *voo*

yeso: *gesso*

Portugués-Español

aberto(a) (céu, tempo): abierto(a); despejado(a)

abstração: abstracción

ação: acción

acervo: acervo

acessar: acceder

aço: acero

acolhedor(a): acogedor(a)

acrobata: acróbata

adiar: posponer

agradável: agradable; de buen temple (persona)

álbum: álbum

ameno(a) (clima): agradable; templado(a)

animação: animación

aniversário: cumpleaños

antecedência: antelación

apodrecer: podrir

apresentação: presentación

apressar(-se): apurar(se)

aquarela: acuarela

argila: arcilla

arquiteto(a): arquitecto(a)

arquitetura: arquitectura

arquivo: archivo

arte de rua (street art): arte callejero

arte digital: arte digital

artes plásticas: artes plásticas

artes visuais: artes visuales

assento: asiento

ateliê: atelier; taller

ato: acto

ator/atriz: actor/actriz

ator/atriz coadjuvante: actor/actriz de reparto

atração: atracción

audiolivro: audiolibro

autor(a): autor(a)

avenida que acompanha uma orla: rambla

aventura: aventura

avistamento: avistamiento

bagagem: equipaje

baixo elétrico: bajo eléctrico

balão: globo

baleia: ballena

balsa: ferri

banda: banda

barco: barco

bateria: batería

bebida típica do Peru feita à base de milho: chicha

beca: toga

bexiga: globo

bibliófilo(a): bibliófilo(a)

bicho-da-seda: gusano de seda

bilheteria: taquilla

biografia: biografía

brinde: brindis

bronze: bronce

cais: muelle

caixa de ritmos: caja de ritmo

calçada: vereda

calçadão: calle peatonal; rambla

camarim: camerino

camarote: palco

caminho: camino; vereda

canção: canción

candombe: candombe

cânhamo: cáñamo

cantor(a): cantante

capa: portada; cubierta

cartaz: cartelera

carvão: carbón; carboncillo (de dibujo, de arte)

casamento: boda

casulo: capullo

catálogo de exposição: catálogo de exposición

cavalete: caballete

caverna: cueva

CD: disco compacto

celebração: celebración

celebrar: celebrar

cena: escena

cenário: escenario

cerâmica: cerámica

cerejeira: cerezo

cerimônia: ceremonia

chover: llover

chuva: lluvia

cidade pequena: pueblo; ciudad pequeña

cidade: ciudad

cinéfilo(a): cinéfilo(a)

cinema: cine

cinzel: cincel

clarinete: clarinete

cochilo: siesta

coleção: colección

colina: colina; cerro

comédia: comedia

comédia stand up: comedia *stand up*; comedia de pie

comemorar: conmemorar

comida: comida

compact disc: disco compacto

companhia aérea: aerolínea

compartilhar: compartir

concerto: concierto

concreto: hormigón

conto: cuento

contrabaixo: contrabajo

contracapa: contraportada

convidado(a): invitado(a)

convidar: invitar

cor: color

corda: cuerda

cortina de teatro: telón

costume: costumbre

costurar: coser

cubismo: cubismo

dança: baile; danza

data: fecha

de rua: callejero(a)

decepção: chasco; decepción

decoração: decoración

descarregar: descargar

desenho: dibujo

desfazer: deshacer

desfile: desfile

desfrutar: disfrutar

deslocar(-se): trasladar(se); desplazar(se)

diretor(a): director(a)

disco: disco

DJ: pinchadiscos

documentário: documental

drama: drama

dramaturgo(a): dramaturgo(a)

dublagem: doblaje

e-book: libro electrónico

economizar: ahorrar

edição: edición

editora: editorial

efeitos especiais: efectos especiales

elenco: reparto

emprestar: prestar

enfeite: adorno

enquete: encuesta

ensaiar: ensayar

ensinar: enseñar

ensolarado(a): soleado(a)

entrada: entrada; billete

epílogo: epílogo

episódio: episodio

equilibrista: equilibrista

escolha: elección

escolher: elegir

esculpir: esculpir

escultor(a): escultor(a)

escultura: escultura

esgotado(a): agotado(a)

espectador(a): espectador(a)

espetáculo: espectáculo

esquete: *sketch*

estêncil: estarcido

estreia: estreno

estrofe: estrofa

exibir: exhibir

expor: exponer

exposição: exposición

expressionismo: expresionismo

fã: aficionado(a); fan

fábula: fábula

fanfic: fanficción

fantasia: disfraz

fantoche: títere

farol: faro

fazer download: descargar

feira do livro: feria del libro

feira: feria

ferro: hierro

ferryboat: ferri

festa: fiesta

festejo: festejo

festival: festival

festividade: festividad

ficção científica: ciencia ficción

ficção: ficción

fila: cola

filme: película; film

fita cassete: casete

flauta: flauta

fogos de artifício: fuegos artificiales

fogueira: hoguera

fone de ouvido: auricular

fórum: foro

fotografia: fotografía

fotógrafo(a): fotógrafo(a)

frasco: botella; frasco

frequentemente: a menudo

frontispício: frontispicio

furacão: huracán

galeria de arte: galería de arte

garçom: mozo

garoa: llovizna

garoar: llovizna

garrafa: botella

geada: helada

geleira: glaciar

gênero: género

gesso: yeso

giz pastel: pastel

golfinho: delfín

grafite: grafiti (arte); grafito (lápiz)

grau: grado

gravura: grabado

grosseria: desaire; grosería

guarda-sol: sombrilla

guitarra: guitarra eléctrica

guloseima: golosina

herança: herencia

hieróglifo: jeroglífico

história: historia

homenagear: homenajear

homenagem: homenaje

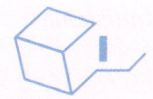

ilha: isla

impressionismo: impresionismo

improviso: improvisación

indicado(a): nominado(a)

índice: índice

infância: niñez

ingresso: billete; entrada

instalação: instalación

instrumento: instrumento

instrumento de cordas: instrumento de cuerda

instrumento de percussão: instrumento de percusión

instrumento de sopro: instrumento de viento

interativo(a): interactivo(a)

intérprete: intérprete

intervenção artística: intervención artística

introdução: introducción

inverno: invierno

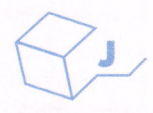

jogo: juego

jovem: mozo(a); joven

legenda: subtítulo

leitor(a): lector(a)

lembrança: recuerdo

litografia: litografía

livraria: librería

livro: libro

lua: luna

madeira: madera

maestro/maestrina: director(a) de orquesta

mágica: magia

mágico(a): mago(a)

mala: valija; maleta

malabarista: malabarista

maré: marea

margem: orilla

martelo: martillo

melodia: melodía

mestre de cerimônias: maestro(a) de ceremonias

metal: metal

meteorologista: meteorólogo(a)

mistério: misterio

monociclo: monociclo

monólogo: monólogo

moral: moraleja

mormaço: bochorno

mostrar: enseñar; mostrar

mudança: cambio

museu: museo

musical: musical

natureza morta: naturaleza muerta

neblina: niebla

neve: nieve

nidificação: anidamiento

noite de 31 de dezembro: Nochevieja

noite do dia anterior: anoche

novela: telenovela

nuvem: nube

óculos: gafas

oficina: taller

ônibus: autobús; colectivo; bus

ontem: ayer

ontem à noite: anoche; ayer por la noche

orquestra: orquesta

ostentoso(a): ostentoso(a)

outono: otoño

ouvinte: oyente

palco: escenario (teatro); pista (circo)

paleta: paleta

palhaço(a): payaso(a)

pandeiro: pandereta

passagem: billete; pasaje

peça: pieza

pedra: piedra

pelicano: pelícano

percurso: recorrido

percussão: percusión

personagem: personaje

piada: chiste

piano: piano

pigmento: pigmento

pincel: pincel

pincelada: pincelada

pinguim: pingüino

pinhata: piñata

pintor(a): pintor(a)

pintura: pintura

pipoca: palomita

playlist: lista de reproducción

podcast: pódcast

poesia: poesía

policial: policíaco(a)

poltrona: butaca

porta-malas: maletero

porto: puerto

pós-impressionismo: postimpresionismo

postar: publicar

povo: pueblo

prata: plata

prato: platillo; plato

prega (em tecido amassado): arruga

premiado(a): galardonado(a)

prender (cativar): enganchar

presente: regalo

programação (de cinema, teatro): cartelera

projetar: proyectar

prólogo: prólogo

prosa: prosa

protagonista: protagonista

publicar: publicar

quadro: cuadro

quarto: pieza; dormitorio; habitación

quente (clima, tempo): caluroso(a); cálido(a)

rabo (de animal): cola

rádio: radio

recém: recién

recital: recital

refeição: comida

reggaeton: reguetón

Renascimento: Renacimiento

representar: plasmar; representar

reprodução: reproducción

retrato: retrato

revista em quadrinhos: cómic

riscar: tachar

ritmo: ritmo

rochoso(a): rocoso(a)

roda: rueda

romance: novela

romântico(a): romántico(a)

roteirista: guionista

roteiro: guion

rua: calle

ruga: arruga

sacola: bolsa

sala de cinema: sala de cine

sample: *sample*

satisfazer: satisfacer

saxofone: saxofón

século: siglo

série: serie

serpentina: serpentina

serviço de streaming: servicio de *streaming*

sessão: sesión

sesta: siesta

show: concierto

sinopse: sinopsis

sintetizador: sintetizador

sobremesa uruguaia de massa, creme, suspiro e pêssego: chajá

sombra: sombra

spray: aerosol

stand up comedy: comedia *stand up*; *stand up comedy*; comedia de pie

sucesso: éxito

suspense: suspense(o)

talhar: labrar

tambor: tambor

teatro: teatro

teclado: teclado

teia: tela (de araña)

tela: lienzo (de pintura); pantalla (de tele, celular, etc.)

temperado(a) (clima): templado(a)

temporada: temporada

temporal: tormenta

tenda: carpa

terror: terror

tímpano (instrumento musical): timbal

tinta a óleo: óleo

tinta acrílica: acrílico

título: título

toca-discos: tocadiscos

tom: tono

tour: recorrido

touro: toro

tragédia: tragedia

trailer: tráiler

trapézio: trapecio

trapezista: trapecista

travessia: travesía; cruce

trilha sonora: banda sonora

trilogia: trilogía

trovão: trueno

umidade: humedad

úmido(a): húmedo(a)

urso(a): oso(a)

vanguarda: vanguardia

vento: viento

verão: verano

verso: verso

vestimenta: vestimenta

vibração: vibración; vibra

videochamada: videollamada

vinil: vinilo

violão: guitarra

violino: violín

visita guiada: visita guiada

voo: vuelo

Nombre: _____ Clase: _____

Fecha: _____ / _____ / _____

📖 Género textual: sinopsis de libro

La sinopsis de un libro es una síntesis de lo que la obra presenta. Suele hablar de los personajes principales y del tema tratado. Debe ser breve, objetiva y atractiva y tiene como objetivo despertar el interés del lector.

---

1 🎧 Lee los textos y completa la tabla a continuación.

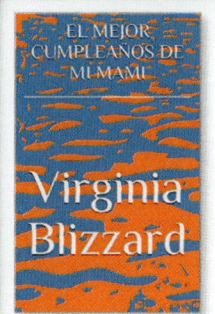

El mejor cumpleaños de mi mami, de Virginia Blizzard (2013)

Mila, una adolescente en sus trece años, descubre que tiene que acompañar a su madre, recién divorciada, en un viaje de negocios. Las dos van a vivir una serie de experiencias en el entorno de los Andes, abriéndose a un mundo de independencia y amistad. Sin embargo, como el cumpleaños de la madre se acerca, la chica tiene una ingeniosa idea para hacerla más feliz ese día y todo debe salir como previsto para que la niña logre poner en práctica su plan.

Basado en: <www.amazon.es/EL-MEJOR-CUMPLEA%C3%91OS-MI-MAMI-ebook/dp/B00E1SP3E0>. Acceso el: 16 nov. 2020.

La lista de cumpleaños, de Anna Manso Munné (2015)

Todos los años, después del día de Reyes y cuando aún faltan siete meses para mi cumpleaños, hago una lista con todo lo que quiero que me regalen en esta fecha. Mis papás dicen que nadie hace una lista con tanto tiempo de antelación. Pero yo sí que la hago. Este año mis padres me han pedido que solo escriba cosas que no sean materiales, que piense en cosas que no haya que guardar. Lo que no saben es que he tenido un montón de ideas para esta nueva lista.

Basado en: <www.amazon.es/lista-cumplea%C3%B1os-Barco-Vapor-Azul/dp/8467579943>. Acceso el: 16 nov. 2020.

Libro	Autor	Año de publicación	Asunto	Personajes	Tipo de narrador

2 Contesta las siguientes preguntas sobre las sinopsis.

   a ¿Cuál de los dos libros te gustaría leer? Fundamenta tu respuesta.

   _____

   b ¿Sueles leer las sinopsis de los libros antes de elegirlos en librerías o bibliotecas? ¿Por qué?

   _____

   c ¿Conoces otros libros que traten sobre cumpleaños? ¿Cuál(es)?

   _____

3 Busca en las sinopsis y apunta lo que se pide a continuación.

   a Verbos en Pretérito Perfecto de Indicativo: _____

   b Palabras con acento diacrítico: _____

4 Reflexiona sobre las siguientes cuestiones y apunta tus conclusiones.

   a ¿Qué tipo de viaje te gustaría hacer en tu cumple con parientes o amigos? ¿Adónde te gustaría ir?

   _____

   b ¿Qué regalos materiales e inmateriales estarían en tu lista de cumpleaños?

   _____

5 Investiga otros libros que traten sobre celebraciones y apunta sus datos. 🌐

_____

_____

_____

6 ¿Cómo harías la sinopsis de un libro que tratase sobre alguno de tus cumpleaños? Escríbela.

Nombre: _____ Clase: _____

Fecha: _____ / _____ / _____

> ⚓ **Género textual: guía de viajes**
>
> Las guías de viajes son publicaciones impresas o en línea que reúnen informaciones prácticas sobre destinos turísticos. Tratan de aspectos que pueden resultar útiles a los viajeros que visiten el lugar. Explican cómo llegar, qué transporte utilizar, dónde hospedarse o comer, cuál es el clima local, qué paseos hacer, qué precios se cobran, etc. También pueden contar un poco de la historia, tradiciones y costumbres del lugar.

1 🔊 0370 Lee la siguiente guía de viajes y contesta: ¿de qué trata el texto?

ISLA DE TABOGA, EN EL GOLFO DE PANAMÁ

Un pueblo colorido, playas tranquilas y un refugio de vida silvestre en una de las islas favoritas de la gente de la ciudad para los días de fiesta y fines de semana. Es ideal para hacer un viaje de un día o dos. Los cerros de origen volcánico de Taboga se ven claramente desde la ciudad. Está a media hora en barco y es un recorrido que se ha estado haciendo por siglos porque este solía ser el puerto oficial de la ciudad de Panamá.

La Restinga es la playa que se encuentra a mano derecha apenas uno sale del muelle. Se alquilan kayaks en $5 por media hora y $10 por una hora. Frente a La Restinga está El Morro, una isleta que se conecta con un caminito de arena cuando baja la marea.

Una de las cosas más valiosas en Taboga es la sombra, ya que el calor es bastante intenso hacia el mediodía y en la tarde. En la playa, hay señores que te alquilan sombrillas, aunque quizá lo mejor es encontrar un buen refugio para pasar las horas más calurosas. Existen servicios de transporte interno utilizando carritos de golf para circular por las veredas, aunque caminar por el pueblo es agradable y accesible.

El otro lado de la isla es todo rocoso y no hay playas. Los principales protagonistas son los pelícanos pardos. En un momento dado puede haber hasta 3000 pelícanos poniendo huevos entre diciembre y julio. Se pueden hacer paseos en lancha para observar el sitio de anidamiento de los pelícanos y avistar ballenas y delfines que suelen llegar al sector este de la isla.

Basado en: *Almanaque azul: guía de viajes de Panamá*. Ciudad de Panamá: Fundación Almanaque Azul, 2019.

2 Lee las frases sobre el texto y señala la opción correcta.

   a Desde la ciudad de Panamá es posible ver los cerros de la isla de Taboga.

   b Hay carritos de golf para desplazarse por el pueblo porque es difícil caminar por sus veredas.

   c Personas que viven en la ciudad de Panamá suelen ir a Taboga los fines de semana.

   d Cuando baja la marea, es posible llegar a la isla de El Morro por un camino de arena.

   e Hay playas en toda la extensión de la isla.

   f Se alquilan kayaks para observar los pelícanos, delfines y ballenas.

   ☐ Están correctas las frases "a", "b", "d" y "e".   ☐ Están correctas las frases "c", "d", "e" y "f".

   ☐ Están correctas las frases "a", "c" y "d".   ☐ Están correctas las frases "a", "c" y "f".

3 Escribe el nombre de la atracción turística de la isla de Taboga mostrada en cada imagen. Si es necesario, consulta el glosario o un diccionario.

_____   _____   _____

4 Vuelve al relato de viaje (R) de esta unidad y compáralo con el texto de la guía de viajes (G). Lee las siguientes características y señala R o G, según correspondan a uno u otra.

   a ☐ Ofrece al lector sugerencias y consejos relacionados con determinado destino turístico.

   b ☐ Indica servicios para turistas y los respectivos precios.

   c ☐ Narra los detalles de un viaje específico según una perspectiva personal.

   d ☐ Comparte con el lector las sensaciones vividas en el viaje.

   e ☐ Comenta el clima característico del lugar.

   f ☐ Describe el tiempo atmosférico específico del día del viaje.

5 Contesta las siguientes preguntas.

   a ¿Te parece provechoso consultar una guía de viajes antes de viajar a algún lugar? ¿Por qué?

_____

   b ¿Crees que un relato de viaje también puede ser útil para un turista que quiera visitar el mismo destino? Explica tu respuesta.

_____

6 Escribe un texto breve que podría formar parte de una guía de viajes de tu ciudad o alguna ciudad que ya hayas visitado.

_____

_____

_____

Nombre: _____ Clase: _____

Fecha: _____ / _____ / _____

📐 **Género textual: pódcast**
El pódcast es un conjunto de grabaciones en audio sobre temas específicos
que están disponibles en línea para escuchar a través de una plataforma
de *streaming*. De la misma manera, es posible descargar los archivos para
escucharlos directamente desde el dispositivo donde se los almacena.

1 🎧038 Escucha la grabación y contesta las preguntas.

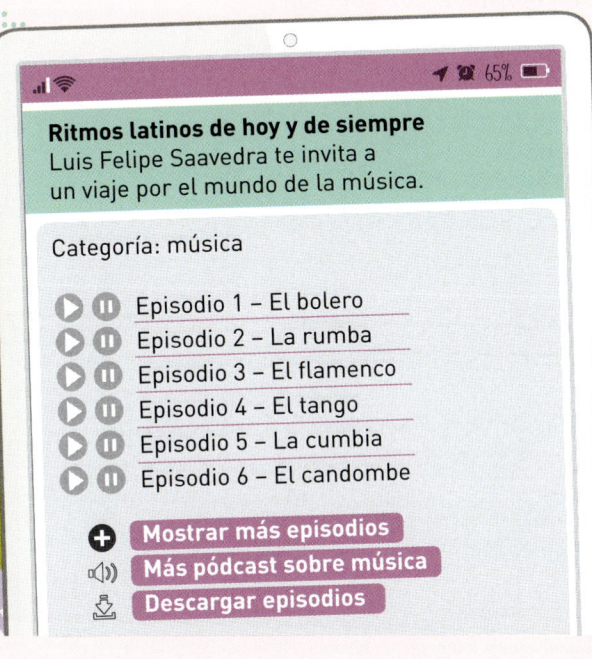

a ¿Quién es Luis Felipe Saavedra?

_____

b ¿A qué episodio se refiere la grabación? ¿Cuál es su tema?

_____

c ¿Cuándo y dónde surgió el tango?

_____

d ¿Cuál es el instrumento símbolo del tango?

_____

e ¿Quiénes fueron Carlos Gardel y Astor Piazzolla?

_____

f ¿Qué instrumentos fueron incorporados al llamado tango electrónico?

_____

2 Apunta los instrumentos utilizados por los conjuntos de tango tradicional.

_____

3 Investiga y contesta: ¿dónde surgieron los otros ritmos a los que se dedica Saavedra en su pódcast? 🌐

_____

_____

4 Marca las alternativas que corresponden a los elementos presentes en un pódcast.

a ☐ Tiene varios episodios acerca de un tema común, que se aborda en sus diversos aspectos.

b ☐ Normalmente tiene una viñeta de apertura que identifica el programa.

c ☐ Se asemeja a una transmisión por radio.

d ☐ Solamente puede escuchárselo en línea.

e ☐ Tiene un presentador que en ocasiones puede entrevistar a otras personas.

5 Señala a qué género textual corresponde cada descripción.

		Pódcast	Lista de reproducción	Pódcast y lista de reproducción
a	El contenido puede ser descargado para escucharlo en cualquier parte, sin conexión.			
b	Se compone de grabaciones de músicas o videos.			
c	Está hospedado en una plataforma.			
d	Se puede acceder a partir de diversos dispositivos.			
e	Puede tener efectos sonoros, como viñetas.			
f	Tiene un presentador y puede tener invitados.			
g	Suele usarse como una forma de diversión.			
h	Puede ser temático o no.			

6 ¿Cuáles crees que son las herramientas mínimas necesarias para producir un pódcast?

_____

_____

7 ¿Cómo crees que puedes aprender mejor algún tema: leyendo sobre él o escuchando algún pódcast? ¿Por qué?

_____

_____

Nombre: _____ Clase: _____

Fecha: _____ / _____ / _____

◢ **Género textual: catálogo de exposición**

Es un impreso que incluye imágenes de obras de arte que forman parte de una exposición junto con su ficha técnica y un breve texto explicativo. Cada vez más se lo hace también en formato digital. Algunos catálogos tienen un proyecto editorial y reúnen tanta información –como un análisis más profundo de las obras y artículos de expertos– que poseen centenas de páginas y se convierten en verdaderos libros de arte. Estos son los llamados "libros-catálogo".

1 🔊 **039** Lee la siguiente página de un catálogo de exposición de obras que están en el Museo Nacional Thyssen-Bornemisza.

Van Gogh: la luz y el campo (sala 32)

▶ VAN GOGH, Vincent. (1885). *Paisaje al atardecer* (óleo sobre lienzo adherido a cartón). 35 x 43 cm. Museo Nacional Thyssen-Bornemisza, Madrid.

Este paisaje casi nocturno le permite pintar la oscuridad que tanto admiraba en la pintura neerlandesa del siglo XVII. Su interés por las luces nocturnas fue uno de los grandes aportes del artista a la pintura moderna.

▶ VAN GOGH, Vincent. (1888). *Los descargadores en Arlés* (óleo sobre lienzo). 54 x 65 cm. Museo Nacional Thyssen-Bornemisza, Madrid.

Cuando el pintor llegó a Arlés en busca de la atmósfera luminosa de la región, la retrató con fuertes contrastes de colores. La obra nos muestra una vista de las aguas con la luz ardiente de la puesta de sol, contrastando con la oscuridad de la barca y los trabajadores.

Adaptado de: <www.museothyssen.org/coleccion/artistas/gogh-vincent-van/paisaje-al-atardecer> y <www.museothyssen.org/coleccion/artistas/gogh-vincent-van/descargadores-arles>. Acceso a ambos el: 7 nov. 2020.

2 Un catálogo desempeña funciones antes, durante y después de una exposición. Lee las siguientes funciones y relaciónalas con el momento en que se cumplen.

a Antes de la exposición.   **b** Durante la exposición.   **c** Después de la exposición.

☐ El visitante quiere recordar las obras expuestas, verlas otra vez con más tranquilidad.

☐ El visitante toma conocimiento de lo que va a contemplar y quiénes son los artistas expuestos; así puede planificar su visita.

☐ El visitante necesita ayuda o más informaciones para interpretar y comprender la obra que está viendo.

3 ¿Cuál es la modalidad artística de esas obras? ¿Quién es su autor?

_____

4 Observa la imagen, lee la leyenda y relaciona la información que se presenta.

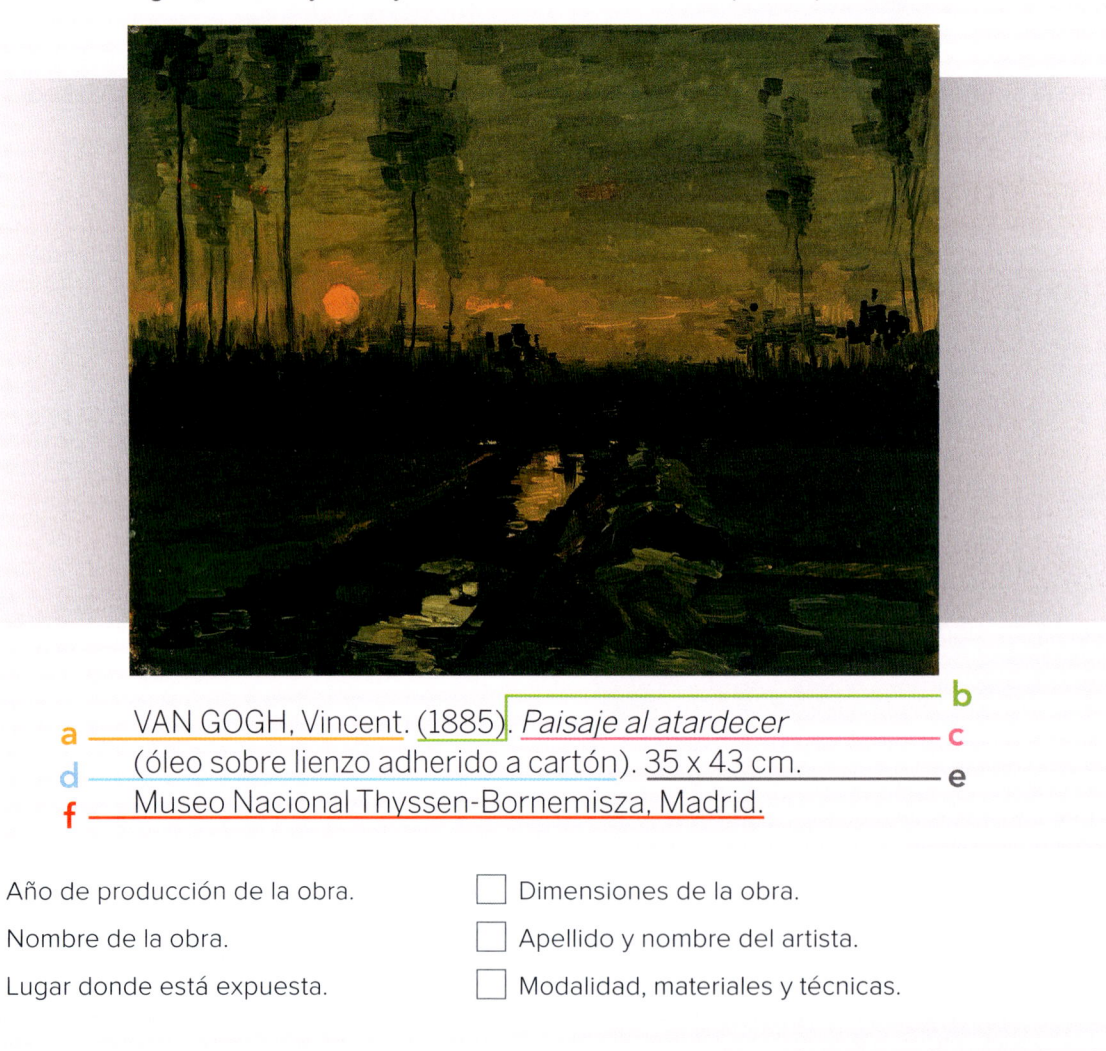

b
a _____ VAN GOGH, Vincent. (1885). *Paisaje al atardecer*
c
d _____ (óleo sobre lienzo adherido a cartón). 35 x 43 cm.
e
f _____ Museo Nacional Thyssen-Bornemisza, Madrid.

☐ Año de producción de la obra.   ☐ Dimensiones de la obra.

☐ Nombre de la obra.   ☐ Apellido y nombre del artista.

☐ Lugar donde está expuesta.   ☐ Modalidad, materiales y técnicas.

5 ¿Vamos a practicar? Elige la obra que te gustó más durante el recorrido virtual de **¡Ahora tú!**. Selecciona una imagen de esa obra y busca informaciones para redactar un ítem de catálogo con ficha técnica y un breve texto explicativo. No te olvides de dar los créditos de la imagen y mencionar la fuente de información. Finalmente, puedes imprimirlo y pegarlo en una cartulina para exponerlo en un tendedero en clase o publicarlo en alguna página web y compartirlo en la Plataforma Ventana (<www.ventanaalespanol.com.br>) con la etiqueta "catálogo de exposición". 🌐

Nombre: _____ Clase: _____

Fecha: _____ / _____ / _____

🎭 **Género textual: crítica teatral**

La crítica teatral tiene como objetivo hacer un análisis de determinada obra de teatro después de verla el crítico y con base en su opinión. En este texto el autor suele hablar sobre la dramaturgia, la dirección, las actuaciones y hasta sobre las reacciones del público. Podemos encontrarla en periódicos, revistas o sitios web especializados en el tema.

---

1 🎧 Lee la crítica teatral. En el recuadro, haz un círculo alrededor de los aspectos que fueron examinados en el texto y subraya los que podrían complementarlo.

| actuaciones   dirección   dramaturgia   escenario   guion   producción   vestuario |

Todos al Teatro

Anastasia, el musical, ¿una producción exitosa?

Por Elena Barrios

🔍 ♡ ⤴

Desde su estreno *Anastasia* llena el teatro por donde pasa cada noche. España fue el primer país de Europa a recibir el espectáculo, que es una adaptación de la película de animación. El Teatro Coliseum de Madrid ha comprobado el éxito de la obra y conquistado un excelente público en los días de su presentación.

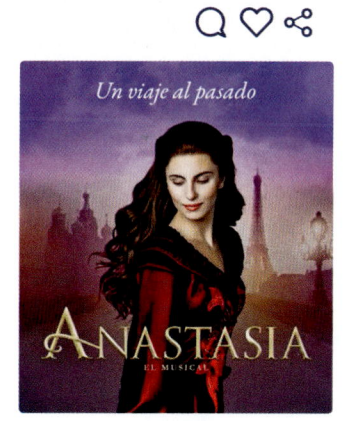

Un viaje al pasado

ANASTASIA
EL MUSICAL

Yo, como gran aficionada a los musicales, no dejé de ver este que es un clásico de mi niñez y pude apreciar algunos importantes puntos de la pieza.

Empezaré por la escenografía, que, con perfección, logró retratar todos los escenarios de la historia de la princesa rusa, desde una Rusia comunista hasta París en los años 1920. La obra contó con una enorme pantalla *led* de proyecciones y plataformas giratorias que cambiaban las escenas en forma sorprendente.

A mi parecer, el vestuario también es otro factor destacable de la obra. Es la herramienta que ayuda a contar la historia y define cada una de sus situaciones. En total, se utilizaron más de 125 trajes y más de 85 pelucas.

Con relación al reparto, para mí, todos son protagonistas y están a la misma altura interpretativa y vocal. Sus interpretaciones son simplemente espléndidas.

En conclusión, *Anastasia* es imperdible y merece la pena. Seguramente, uno de los mejores musicales que ha habido en los últimos años en Madrid.

Basado en: <www.todosalteatro.com/critica/anastasia-el-musical-un-maravilloso-viaje-a-la-rusia-de-los-zares/>.
Acceso el: 2 dic. 2020.

2 Relaciona los elementos teatrales de la actividad anterior con las imágenes.

   a Actuaciones.

   b Escenario.

   c Vestuario.

3 Contesta las preguntas teniendo en cuenta la crítica teatral.

   a Después de leer la crítica, ¿te gustaría ver este musical? ¿Por qué?

   _____

   b ¿Te parece que, en el texto, la autora contesta la pregunta del título de la crítica? ¿Por qué?

   _____

   c *Anastasia, el musical* es una adaptación de una película de animación. ¿Qué otras películas conoces que también ya fueron adaptadas al teatro?

   _____

   d ¿Qué otros musicales conoces?

   _____

4 Lee las características de los géneros textuales. Marca T si se refieren al texto teatral y C si corresponden a la crítica.

   a ☐ El(La) autor(a) expone su punto de vista sobre una obra teatral.

   b ☐ Se escribe para, después, ser representado por actores en un escenario.

   c ☐ Contiene instrucciones para la actuación, la iluminación, la escenografía, etc.

   d ☐ Analiza, entre otros aspectos, el trabajo del director y de los actores.

   e ☐ Puede tratar incluso sobre la aceptación del público en el teatro.

   f ☐ Se organiza en escenas y actos y contiene los diálogos de los personajes.

5 Investiga otras críticas teatrales sobre esta u otras obras y apunta las informaciones principales. Busca en periódicos y revistas o en sitios web especializados en teatro. 🌐

_____

_____

_____

Nombre: _____ Clase: _____

Fecha: _____ / _____ / _____

📖 Género textual: fanficción

Las fanficciones son historias de ficción creadas por fans de un libro, manga, película, serie o videojuego. Tienen como punto de partida personajes y/o argumentos de la trama original a los cuales se añaden otras circunstancias para crear una nueva historia. También es posible mezclar dos o más universos en una misma historia (por ejemplo: el Hombre Araña y la Mujer Maravilla se unen para salvar el planeta), lo que se conoce como una fanficción *crossover*.

1 🔊 Lee la siguiente fanficción inspirada en *Romeo y Julieta*.

Romeo y Julieta: un nuevo final

Romeo y Julieta engañaron a todos y simularon su muerte. En lugar de veneno, el frasco que tomó Romeo contenía un exquisito jugo de durazno. La daga que se clavó Julieta era, en realidad, retráctil. Tanto talento para el teatro tenía una explicación: los dos querían seguir la carrera teatral, pero sus familias nunca lo habrían permitido. Ahora, lejos de los Montesco y Capuleto, iban a hacer sus sueños realidad.

Cuando todos se fueron un instante, la pareja dejó la cripta en busca de un escenario menos trágico para su amor. Se besaron y viajaron a caballo hacia Florencia.

— Vamos a cambiar de nombre y también a usar pelucas. ¡No vamos a dejar que nadie nos descubra! —dijo Romeo.

Llegaron a la ciudad del arte con su nueva identidad: ahora él se llamaba David y tenía el pelo rizado. Ella se llamaba Clara y era pelirroja.

Encontraron un piso con cocina, baño y dormitorio y decidieron alquilarlo. Con ese poco dinero que tenían, fueron a comprar algo de ropa y comida.

Pasados unos días Romeo/David consiguió trabajo como guionista de teatro de la compañía local. Algunos meses después, Julieta/Clara aprobó una audición para actuar en una pieza de teatro. Y así pudieron mantenerse, vivir su amor y trabajar en lo que más les gustaba.

¿Drama? No más, solo el que escribían e interpretaban en los escenarios. Viajaron por todo el mundo con la compañía y, años más tarde, tuvieron un bebé.

En cuanto a los Montesco y Capuleto, se quedaron muy tristes por la desaparición de sus hijos y se unieron para buscarlos, pero nunca los encontraron. Al fin y al cabo, decidieron hacer las paces y juraron que jamás volverían a pelear.

Basado en: <www.wattpad.com/626488347-romeo-y-julieta-su-final-feliz-nota> y <http://garabatos8patos.blogspot.com/2012/01/el-otro-final-de-romeo-y-julieta.html>. Acceso a ambos el: 20 nov. 2020.

2 Señala la imagen que elegirías para ilustrar la historia *Romeo y Julieta: un nuevo final.* Luego explica tu respuesta.

_____

_____

_____

3 Señala la alternativa correcta sobre la historia.

a ☐ Coincide totalmente con la original, creada por William Shakespeare.

b ☐ Mantiene el final original de Shakespeare, pero da continuidad a la trama.

c ☐ Presenta un nuevo final para *Romeo y Julieta*, pero sigue siendo trágico.

d ☐ Presenta un nuevo final para *Romeo y Julieta*, ahora feliz.

4 Completa la información de acuerdo con la fanficción.

a Romeo y Julieta van a vivir en _____.

b Además de prohibir su amor, las familias también les impedían seguir la carrera _____.

c Romeo ahora se llama _____ y trabaja como _____.

d Julieta ahora se llama _____ y trabaja como _____.

5 Cualquier persona puede crear y difundir su propia historia. Las fanficciones suelen publicarse en plataformas en internet para que otros fans puedan leerlas e incluso colaborar con su desarrollo dando sugerencias. ¿Conoces alguna de esas plataformas? En caso afirmativo, ¿has leído o publicado algo en una de ellas? En caso negativo, busca una plataforma de fanficción en internet. 🌐

_____

_____

6 ¡Ahora te toca a ti! Da rienda suelta a la imaginación y crea tu propia fanficción. Puedes elegir una historia y cambiar su final; darle continuidad; mezclar personajes de universos diferentes y crear una trama muy original... ¡Tú eliges! Al final, realiza con tus compañeros una muestra con las fanficciones de la clase. Si te animas, también puedes publicar tu historia en una de las plataformas de la actividad anterior o en la Plataforma Ventana (<www.ventanaalespanol.com.br>) con la etiqueta "fanficción". 🌐

Nombre: _____ Clase: _____

Fecha: _____ / _____ / _____

¡A EMPEZAR!

1 Responde a las siguientes preguntas.

a ¿Ya has participado de alguna celebración de manera virtual?

☐ Sí. ☐ No.

b En caso afirmativo, ¿cómo ha sido esa experiencia? En caso negativo, ¿cómo crees que sería?

☐ Interesante. ☐ Aburrida. ☐ Divertida. ☐ Inolvidable. ☐ Indiferente.

c ¿Qué fiesta(s) celebrarías de manera virtual?

☐ Cumpleaños. ☐ Nochevieja. ☐ Carnaval. ☐ Otra: _____

2 Lee el texto y escribe los subtítulos en el lugar que les corresponde.

> Decoración   Invitaciones   Programación   Videollamada

Celebraciones virtuales: *tips* para organizarlas y realizarlas

¿Ya has celebrado virtualmente? Las celebraciones virtuales han sido una alternativa para los que, por algún motivo, no pueden encontrarse presencialmente con sus amigos y parientes. Para ayudarte con esta idea, he organizado algunos *tips* y te los dejo a continuación:

_____

Antes de cualquier cosa, necesitas pensar en las actividades que vas a desarrollar durante la videollamada. Algunas opciones son: juegos *on-line*, karaoke digital, elaboración conjunta y brindis con un cóctel de frutas sin alcohol, bailes que todos conozcan y puedan hacer al mismo tiempo, entre otras.

_____

Para invitar a la gente, puedes beneficiarte de diferentes plataformas que ya ofrecen plantillas de invitaciones. Solo necesitarás poner los datos de tu celebración y enviárselas a tus conocidos.

_____

Adorna el espacio en el cual vas a realizar la llamada con papeles coloridos, carteles y fotos. Las luces y los globos también te pueden brindar un espacio más festivo. Otra buena idea es pedir a los participantes que, de ser posible, decoren el área donde recibirán la llamada.

_____

Hay diferentes programas y aplicaciones gratuitas que pueden ayudarte a llevar a cabo tu celebración virtual. Investiga y elige la que más se adecua a tus necesidades considerando el número de invitados, la duración de la llamada, etc.

APRENDER MEJOR

Para comprender mejor el texto, identifica el tema principal, relaciónalo con los diferentes aspectos que abarca y destaca las informaciones más relevantes.

Basado en: <https://cnnespanol.cnn.com/cnne-underscored/2020/07/29/como-celebrar-una-fiesta-virtual-de-cumpleanos/>. Acceso el: 15 nov. 2020.

3 Escribe otros *tips* para la realización de una celebración virtual teniendo en cuenta los elementos a continuación.

a Regalos: _____

b Vestimentas: _____

c Comidas: _____

 CAJÓN DE LETRAS

1 Observa estas pegatinas festivas y apunta los nombres de los componentes de fiesta que ellas presentan.

2 Completa con vocales los componentes de fiesta y relaciónalos con los emoticonos.

a h _____ g _____ _____ r _____

b r _____ g _____ l _____

c b _____ _____ l _____

d m _____ s _____ c _____

e b _____ b _____ d _____

f c _____ m _____ d _____

3 0420 Escucha la grabación y apunta los componentes de la fiesta que estarán a cargo de cada organizador.

a Emanuel: _____.

b Raquel: _____.

c José: _____.

d Francisco: _____.

e Ana: _____.

4 Con base en la actividad anterior, escribe:

a a quién y cómo ayudarías en la organización de la fiesta. _____

b otros elementos que consideras importantes para esa celebración. _____

Nombre: _____ Clase: _____

Fecha: _____ / _____ / _____

¡ACÉRCATE!

1 Vuelve al texto de la sección **¡A empezar!** y apunta los verbos en Pretérito Perfecto de Indicativo.

_____

2 🎧 0430 Escucha la grabación y usa verbos en Pretérito Perfecto de Indicativo para indicar en el *checklist* cómo cada uno ha contribuido a la organización de la fiesta.

☐ **a** Yo: _____ ☐ **c** Matías, Hernán y yo: _____

_____ _____

☐ **b** Eugenia y su hermana:_____ ☐ **d** Sofía:_____

_____ _____

3 Contesta las siguientes preguntas utilizando los verbos en Pretérito Perfecto de Indicativo.

a ¿Qué tradiciones de Nochevieja ya has seguido?

_____

b ¿Cuál ha sido la principal fiesta en tu familia este mes? ¿Cómo la han celebrado?

_____

c ¿Cuándo han tenido lugar las principales fiestas tradicionales de tu país este año?

_____

d ¿Cómo han conmemorado sus cumpleaños tus amigos y tú?

_____

LENGUA EN USO

1 🎧 0440 Escucha la grabación y apunta las informaciones.

a Nombre de la celebración: _____

b País en el cual se lleva a cabo: _____

c Qué suele haber en la celebración:_____

2 Lee el texto de la actividad anterior y clasifica los fragmentos destacados.

BIENVENIDO A PARAGUAY

ASUNCIÓN | CENTRAL | CONCEPCIÓN | SAN PEDRO | CORDILLERA | GUAIRÁ | CAAGUAZÚ | CAAZAPÁ | ITAPÚA | MISIONES | PARAGUARÍ | ALTO PARANÁ | ÑEEMBUCÚ | >>

El Festival Nacional del Ñandutí **se celebra desde** 1970 en la ciudad paraguaya de Itauguá y **es una fiesta tradicional de la región**, declarada "Patrimonio Nacional de la Artesanía y del Folclore". **Esta celebración promueve** la consolidación de los valores artísticos nacionales y destaca la producción con ñandutí como uno de los mayores símbolos de la artesanía del país. La festividad **ha sido** una forma de exponer artículos en ñandutí y **se ha convertido** en una manera de valorar la cultura nacional. A lo largo de las varias ediciones del festival, **ha habido** presentaciones de grupos musicales, exposiciones de artesanía y escenificaciones, entre otras atracciones que animan al público local y también a los turistas.

Basado en: <www.bienvenidoaparaguay.com/showdata.php?xmlcity=4&xmldestino=117>. Acceso el: 15 nov. 2020.

Reconocer la importancia de las celebraciones en la formación cultural de un pueblo	Identificar fiestas típicas y universales	Expresar acciones pasadas en un período de tiempo relacionado con el presente

3 Elige una fiesta tradicional de tu país y descríbela en el cuaderno usando expresiones que sirvan para:

a reconocer la importancia de las celebraciones en la formación cultural del pueblo.

b identificar fiestas típicas y universales.

c expresar acciones pasadas en un período de tiempo relacionado con el presente usando el Pretérito Perfecto de Indicativo.

¡ACÉRCATE!

1 Completa cada frase con la opción correcta.

a ¿Has sacado fotos de la celebración de _____ cumpleaños? [mi / mí]

b Para _____, estas son las mayores fiestas patronales del país. [él / el]

c Esta fue la Nochevieja _____ animada que ya hemos tenido. [más / mas]

d ¿_____ han invitado al Festival de Primavera? [té / te]

Nombre: _____ Clase: _____

Fecha: _____ / _____ / _____

2 Escribe frases con las palabras no seleccionadas en la actividad anterior.

a _____

b _____

c _____

d _____

 **CONTEXTOS**

1 Lee este fragmento de cuento y contesta las preguntas a continuación.

Era el día del cumpleaños de la infanta, la princesita real de España. Cumplía doce años y el sol iluminaba con esplendor los jardines del palacio. [...] Era, por lo tanto, muy importante para todos que ese día fuera hermoso. ¡Y era un día lindísimo! [...]

La princesita con sus compañeros se paseaban por la terraza del palacio que se abría sobre aquel jardín y después jugó a las escondidas alrededor de los jarrones de piedra y las antiguas estatuas cubiertas de musgo. Por lo general, solo se le permitía jugar con niños de su misma alcurnia, así es que casi siempre tenía que jugar sola. Pero su cumpleaños era una ocasión excepcional y el rey había ordenado que la niña pudiese invitar a todos los amigos que quisiera.

WILDE, Oscar. "El cumpleaños de la infanta". Adaptado de: <www.ataun.eus/BIBLIOTECAGRATUITA/Cl%C3%A1sicos%20 en%20Espa%C3%B1ol/Oscar%20Wilde/El%20cumplea%C3%B1os%20de%20la%20infanta.pdf>. Acceso el: 9 dic. 2020.

a ¿El narrador escribe en 1.ª o 3.ª persona? Fundamenta tu respuesta con un fragmento del texto.

_____

b ¿Cómo ha sido el cumpleaños de la infanta?

El día/el clima: _____

Dónde ha tenido lugar el festejo: _____

2 En tu cuaderno escribe una continuación para el cuento. Luego compárala con la versión de un compañero.

¡AHORA TÚ!

1 Lee los comentarios sobre el cuento de la sección **Contextos** y señala el que se relaciona más con el texto.

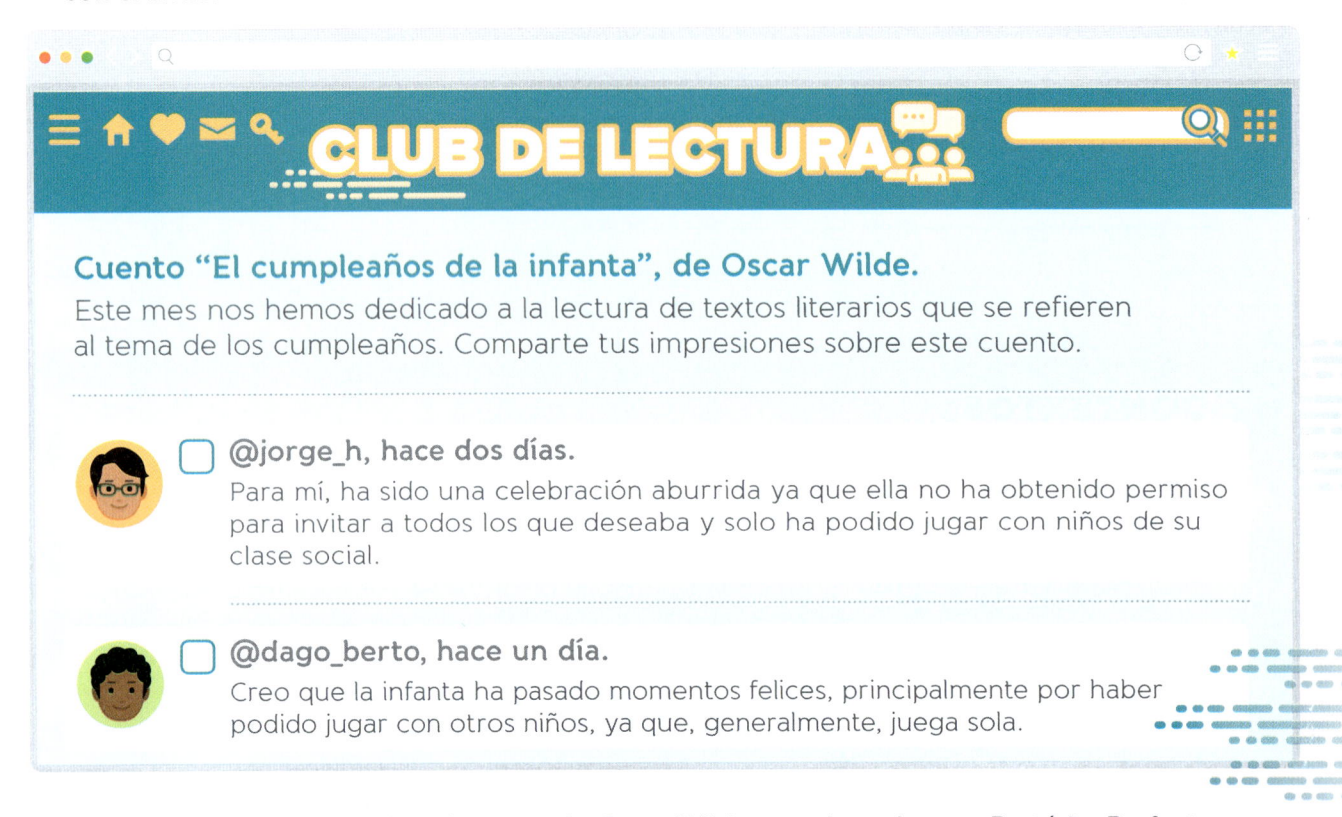

CLUB DE LECTURA

Cuento "El cumpleaños de la infanta", de Oscar Wilde.

Este mes nos hemos dedicado a la lectura de textos literarios que se refieren al tema de los cumpleaños. Comparte tus impresiones sobre este cuento.

@jorge_h, hace dos días.
Para mí, ha sido una celebración aburrida ya que ella no ha obtenido permiso para invitar a todos los que deseaba y solo ha podido jugar con niños de su clase social.

@dago_berto, hace un día.
Creo que la infanta ha pasado momentos felices, principalmente por haber podido jugar con otros niños, ya que, generalmente, juega sola.

2 Escribe un comentario sobre el cuento de Oscar Wilde usando verbos en Pretérito Perfecto de Indicativo.

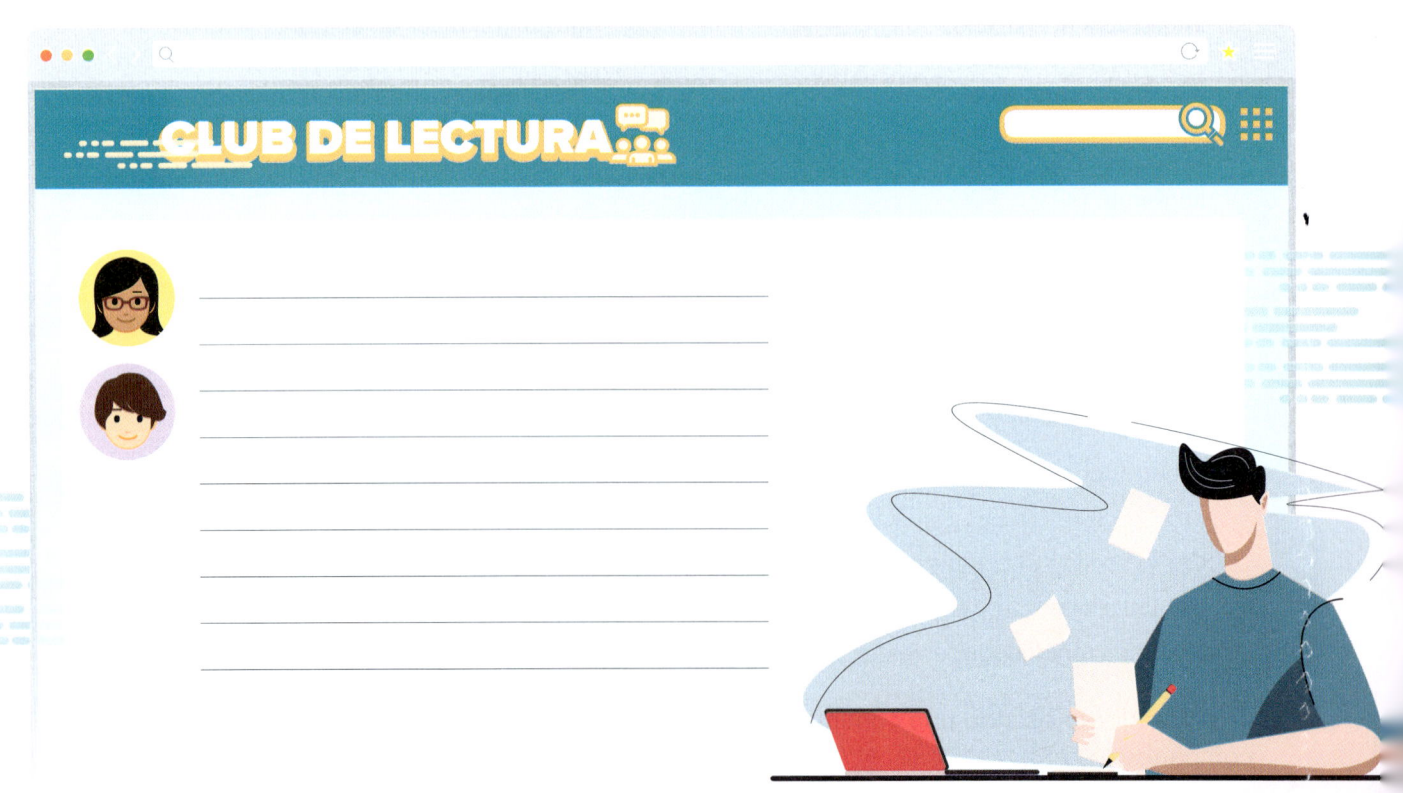

CLUB DE LECTURA

Nombre: _____ Clase: _____

Fecha: _____ / _____ / _____

¡A EMPEZAR!

1 Lee el texto y subraya los tipos de clima que se mencionan.

Cuándo viajar a España

Saber cuáles son los mejores meses para viajar a España depende de qué quieres hacer en el país o qué regiones quieres visitar.

Las regiones bañadas por el océano Atlántico y el mar Cantábrico, al norte, tienen temperaturas más bajas. También en el Atlántico están las islas Canarias, pero cerca de la costa noroeste de África; como tienen clima tropical, las temperaturas se mantienen más o menos iguales durante el año. El clima mediterráneo del este de España, zona bañada por el mar del mismo nombre, hace que las temperaturas sean más suaves y haya mucha humedad.

En el interior, el clima es continental: caluroso y seco en verano y frío en invierno. En verano, las temperaturas pueden llegar a los 40 grados en algunos lugares. Debido al calor, es difícil pasear en ciudades del interior como Madrid o Sevilla, de ahí la tradición de dormir la siesta a las horas después del almuerzo.

En invierno hace mucho frío, con temperaturas bajo cero en algunas zonas. Es común que nieve en las regiones más altas, donde están las estaciones de esquí. A diferencia de la mayoría de los países europeos, sin embargo, hay muchos días de sol al año en España.

En la primavera, de abril a junio, o en otoño, de septiembre a octubre, las temperaturas son agradables en la mayor parte del país —entre 20 y 25 grados— y casi todos los días hay sol, por lo que son buenas épocas para viajar. Además, es cuando el paisaje se pone más bonito con las plantas en flor o la caída de las hojas.

Basado en: <https://guias-viajar.com/espana/mejor-epoca-viajar-turismo/>.
Acceso el: 15 dic. 2020.

APRENDER MEJOR

Investiga los términos o conceptos que no conoces o sobre los cuales quieres saber más. Puedes buscar, por ejemplo, información sobre los tipos de clima y los lugares mencionados en el texto.

2 Relaciona las columnas de acuerdo con el texto.

a Interior de España.

b Norte de España.

c Este de España.

d Islas Canarias.

☐ Temperaturas bajas.

☐ Temperaturas constantes.

☐ Clima húmedo y temperaturas suaves.

☐ Caluroso y seco en verano.

☐ Mar Mediterráneo.

☐ Madrid y Sevilla.

☐ Mar Cantábrico.

☐ Océano Atlántico, al noroeste de África.

3 Teniendo en cuenta las informaciones del texto, ¿a qué región de España te gustaría viajar y en qué época? ¿Por qué?

_____

_____

4 🎧 045 Escucha algunos consejos para preparar el equipaje antes de viajar. Numera las imágenes según la secuencia de la grabación.

a

b

c

d

5 🎧 045 Escucha una vez más la grabación y fíjate en los consejos que no están representados en las imágenes. Señala una palabra que se menciona en cada uno de ellos.

a ☐ Frío.

b ☐ Destino.

c ☐ Bolsa.

d ☐ Hoteles.

e ☐ Recuerdos.

f ☐ Calzados.

g ☐ Antelación.

h ☐ Lista.

i ☐ Ropa.

CAJÓN DE LETRAS

1 Vuelve al texto de ¡A empezar! y busca el nombre de la estación del año en España en la que...

a el paisaje se pone bonito con las plantas en flor: _____.

b hace mucho frío, con temperaturas bajo cero en algunas zonas: _____.

c el clima es seco y caluroso, con temperaturas que llegan a los 40 grados: _____.

d el paisaje se pone bonito con la caída de las hojas: _____.

2 ¿Adónde te gustaría viajar en cada estación del año y por qué?

_____

_____

APRENDER MEJOR

Piensa qué ciudades o países siempre has tenido ganas de conocer e investiga sobre el clima en estos lugares.

Nombre: _____ Clase: _____

Fecha: _____ / _____ / _____

3 🎧 Escucha la previsión del tiempo para Caracas y completa la tabla con las palabras que faltan.

Caracas			
Viernes, 18 de diciembre	Cielo _____.	_____ débiles por la mañana.	Temperaturas alrededor de los 22 _____.
Sábado, 19 de diciembre	_____ y cielo _____.	Posibilidad de _____ y _____ fuertes al final de la tarde.	Temperaturas _____.

4 Observa las imágenes y escribe la posible previsión del tiempo usando las palabras del recuadro.

cálido despejado frío lluvia/llover niebla nieve/nevar nubes

a

_____

b

_____

c

_____

d

_____

5 Describe cómo está el tiempo hoy en tu ciudad. Luego investiga cuál es la previsión para mañana y apúntala. 🌐

¡ACÉRCATE!

1 Completa las frases con los verbos del recuadro en participio. No todos se usarán.

> cubrir   disponer   envolver   escribir   hacer   poner   prever   ver

a ¿Qué has _____ en el campo "motivo del viaje" del formulario?

b He _____ en la cama todos los ítems que quiero llevar en el equipaje.

c Los meteorólogos han _____ que las lluvias serán torrenciales.

d El champú está _____ en plástico para no mojar la ropa en la valija.

2 Escribe qué ha pasado empleando los verbos que no has usado en la actividad anterior.

Las nubes _____.

Andrés ya _____.

Cuéntanos qué _____.

No sé dónde _____.

3 Escribe las frases con los verbos conjugados en Pretérito Perfecto de Indicativo y añade las palabras necesarias.

a Mi padre y yo – hacer y deshacer – equipaje – veces – semana

_____

b Siempre – volver – contentos – viajes [vosotros(as)]

_____

c Todavía – abrir – recuerdos – traer – Laura – viaje [yo]

_____

d ¿Cuántas – veces – ya – romper – ruedas – valija? [tú]

_____

Nombre: _____ Clase: _____

Fecha: _____ / _____ / _____

LENGUA EN USO

1 🎧047 Escucha a Beatriz y contesta las preguntas.

a ¿Con qué ha soñado Beatriz desde niña?

_____

b ¿Ya ha viajado al extranjero Beatriz? En caso afirmativo, ¿adónde ha ido?

_____

c ¿Qué región de Hispanoamérica ha pensado visitar primero? ¿Por qué?

_____

d ¿En qué estación suele la gente viajar al Caribe? ¿Por qué?

_____

2 🎧047 Escucha nuevamente la grabación y apunta los datos que se piden.

a Qué le preguntaba su madre y cómo le contestaba: _____

b Adónde no ha viajado todavía, aunque son destinos próximos: _____

c Cómo ha estado el tiempo en Punta Cana: _____

d Cómo está el tiempo en Punta Cana: _____

3 ¿Qué estación del año es tu favorita? ¿Por qué?

_____

¡ACÉRCATE!

1 Reescribe las frases con el pronombre objeto indirecto apropiado en la posición correcta.

a Quiero que cuentes todo cuando vuelvas del paseo, ¿eh? [a mí]

_____

b He prestado mi mochila porque tienen que llevarse mucha ropa. [a ellos]

_____

c Su nieta está leyendo la previsión del tiempo. [al abuelo]

_____

d Cuando viajes a la costa, presto mi sombrero y mis gafas de sol. [a ti]

_____

e Ángela no ha visto las fotos del hotel. Muéstralas por la tarde, ¿sí? [a ella]

_____

2 Subraya solamente los pronombres objeto indirecto. No están en todas las frases.

a Te he visto en el centro hoy, pero llovía mucho y tuve que apurarme para llegar al coche.

b ¿Te ha contado Carmen que vamos a viajar a España?

c Cómprame un recuerdo bonito en tu viaje a México, por favor.

d No nos han avisado que cambió la hora del vuelo. Por poco no hemos perdido el avión.

e Fabiana ha comprado los pasajes y va a traerlos hoy por la tarde.

f ¿Verdad que hubo un huracán en el Caribe? Me lo ha dicho mi abuela.

CONTEXTOS

1 Imagínate que has viajado a Barcelona y te has tomado las fotos a continuación. Basado en ellas, escribe un relato breve del viaje. Antes investiga sobre la ciudad, su clima, sus atracciones turísticas, etc. Puedes añadir al relato eventos y sitios que no aparezcan en las imágenes. 🌐

blog   Cerrar sesión | e-mail   Búsqueda

Parque Güell.   La Boquería.   Casa Milá (La Pedrera).

¡AHORA TÚ!

1 Alguien ha leído tu relato del viaje a Barcelona y ha dejado el siguiente comentario en el blog. ¿Cómo lo contestarías?

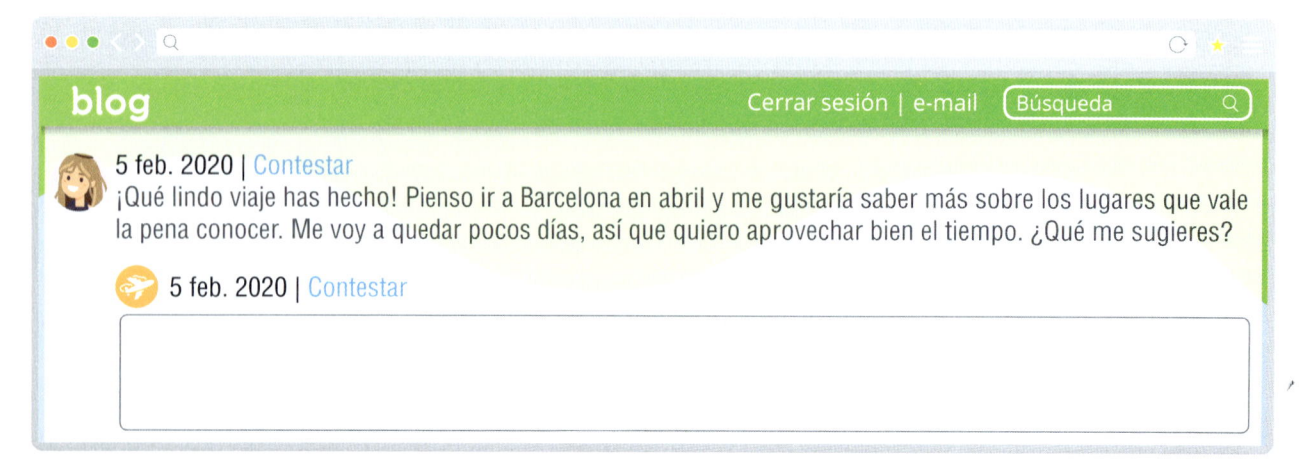

blog   Cerrar sesión | e-mail   Búsqueda

5 feb. 2020 | Contestar
¡Qué lindo viaje has hecho! Pienso ir a Barcelona en abril y me gustaría saber más sobre los lugares que vale la pena conocer. Me voy a quedar pocos días, así que quiero aprovechar bien el tiempo. ¿Qué me sugieres?

5 feb. 2020 | Contestar

Nombre: _____ Clase: _____

Fecha: _____ / _____ / _____

1 Escucha la grabación. Luego lee las afirmaciones y marca la respuesta correcta.

a La música puede hacer que nuestro cerebro libere algunas sustancias en nuestro organismo que nos ayudan a relajar, como las endorfinas y el cortisol.

b Una música relajante nos impide prestar atención a lo que estamos haciendo porque nos hace dormir.

c Escuchar música mientras practicamos una actividad física nos ayuda a ejercitarnos mejor.

☐ Solamente está correcta la afirmación "a".

☐ Están correctas las afirmaciones "a" y "b".

☐ Están correctas las afirmaciones "b" y "c".

☐ Solamente está correcta la afirmación "b".

☐ Solamente está correcta la afirmación "c".

2 Ahora lee el texto y corrige las afirmaciones de la actividad 1 que están equivocadas.

Los efectos de la música sobre nuestro organismo

La música, además de divertirnos, trae innúmeros beneficios a nuestra salud. Eso si la elegimos de manera adecuada a cada situación.

1 Nos relaja. Cuando oímos música, activamos áreas de nuestro cerebro que influyen sobre nuestro ánimo y hacen que nos olvidemos de nuestras preocupaciones. Por eso, la música reduce el nivel de hormona cortisol, que se relaciona con la ansiedad y el estrés.

2 Nos ayuda a no sentir dolor. Una música más suave y lenta influye en nuestro ritmo cardiaco y respiratorio. Esto hace que el agobio provocado por el dolor disminuya. Además, al distraernos, hace que el cuerpo produzca endorfinas, que son analgésicos naturales.

3 Controla la presión arterial. Al actuar sobre el ritmo de nuestra respiración, la música contribuye a la salud del corazón, ya que mejora la circulación de la sangre.

4 Combate el dolor de cabeza. Determinadas canciones ayudan al cerebro a producir neurotransmisores que reducen la sensación de dolor, como la dopamina.

5 Hace que desarrollemos la memoria y mejora los procesos de aprendizaje. Esto ocurre principalmente si tocamos un instrumento, ya que, al hacerlo, activamos diversas partes del cerebro que estimulan nuestro rendimiento intelectual.

6 Mejora nuestro estado emocional y, por consecuencia, ayuda a combatir la depresión. Nos da ánimo y confianza.

7 Disminuye la tensión muscular y favorece la coordinación motriz.

8 Mejora el rendimiento físico cuando hacemos gimnasia.

9 Nos ayuda a dormir mejor, ya que nos relaja.

10 Mejora el estado de ánimo de pacientes de cáncer porque reduce la ansiedad y atenúa el dolor.

Basado en: <www.laopiniondemurcia.es/vida-y-estilo/salud/2015/07/07/diez-beneficios-musica-salud/661085.html>.
Acceso el: 20 nov. 2020.

_____

_____

3 En tu opinión, ¿por qué se dice que hay que elegir adecuadamente la música para cada situación?

_____

4 En una clase de gimnasia, ¿qué tipo de música crees que es la más adecuada?

_____

5 ¿En qué momentos o situaciones te gusta escuchar música? ¿Por qué?

_____

6 ¿Hay alguna canción que consideres tuya, es decir, que asocies a un momento especial de tu vida? ¿Cuál y por qué?

_____

CAJÓN DE LETRAS

1 Relaciona las definiciones con las palabras correspondientes.

a Ritmo bailable, original de Puerto Rico y bastante popular en Latinoamérica y Estados Unidos.

b Conjunto de músicos que tocan bajo la conducción de un director.

c Cantante o músico.

d Ritmo brasileño ejecutado principalmente con guitarra, tambores y panderetas.

e Presentación pública hecha por un cantante, una banda o una orquesta.

f Presentación realizada por un único intérprete que ejecuta un único instrumento.

- ☐ Concierto.
- ☐ Orquesta.
- ☐ Reguetón.
- ☐ Intérprete.
- ☐ Recital.
- ☐ Samba.

2 Completa el texto con algunas de las palabras de la actividad anterior.

Ayer fui con mi familia al _____ de piano de mi madrina. Es una excelente _____ de música clásica, pero tocó solamente canciones más populares. ¡Me sorprendió porque no me imaginaba que la _____ quedase tan linda tocada solamente en piano!

3 Clasifica los instrumentos del recuadro.

> bajo eléctrico   bandoneón   batería   caja de ritmos   contrabajo   flauta   guitarra
> guitarra eléctrica   pandereta   piano   _sampler_   saxofón   sintetizador   tambor   violín

De viento	De cuerda	De percusión	Electrónicos

4 Relaciona dos instrumentos de la actividad anterior con cada ritmo.

a Samba: _____.   **b** _Rock_: _____.   **c** _Jazz_: _____.

Nombre: _____ Clase: _____

Fecha: _____ / _____ / _____

1 Haz un círculo alrededor de la opción adecuada a cada frase, según el marcador temporal utilizado.

a Esta tarde **toqué** / **he tocado** la guitarra con Juan.

b Betina, ¿**fuiste** / **has ido** al concierto de Paco anoche?

c Abel y Marcos **han descargado** / **descargaron** más de 50 canciones solo esta semana.

d ¡Creo que **he comprado** / **compré** mi último CD hace unos cuatro o cinco años!

e Los servicios de *streaming* **han cobrado** / **cobraron** fuerza en estos años, principalmente en Latinoamérica y Estados Unidos.

2 Organiza los elementos para formar frases en el pasado. Presta atención a los marcadores temporales y conjuga los verbos correctamente.

a Inés – a su antiguo profesor – esta mañana – encontrar – de guitarra

_____

b de internet – anteayer – descargar – mi hermano y yo – algunas canciones

_____

c de *rock* – listas de reproducción – este mes – algunas – escuchar [yo]

_____

d latina – descargar – la gente – mucha música – en esta década

_____

3 Completa la biografía de Rosalía con los verbos del recuadro en Pretérito Indefinido de Indicativo.

decidir empezar graduarse lanzar nacer someterse tener trabajar

Rosalía _____ en España el 25 de septiembre de 1993. _____ a cantar cuando tenía tan solo siete años, incentivada por su padre. A los diez _____ estudiar música. Cuando tenía 17 años, Rosalía _____ un serio problema y _____ a una cirugía en las cuerdas vocales. Aun así, _____ en flamenco en la Escuela Superior de Música de Cataluña. Por un tiempo Rosalía _____ como maestra de flamenco, mientras se presentaba en bares. En noviembre de 2018 la cantante _____ su primera producción de flamenco-pop, estilo que mezcla lo tradicional y lo contemporáneo. Desde entonces, es un fenómeno.

Basado en: <www.vogue.mx/estilo-de-vida/articulo/rosalia-cantante-biografia>.
Acceso el: 20 nov. 2020.

LENGUA EN USO

1 🔊049 Escucha los minidiálogos y completa las frases eligiendo entre los Pretéritos Indefinido y Perfecto de Indicativo, según los marcadores temporales utilizados.

a Paula _____ a escuchar las canciones de Rosalía este mes.

b Mario todavía no _____ las músicas que le pidió Cristina.

c Ana y Marcela _____ en un concierto de música folk el año pasado.

d René _____ tambor de los ocho a los doce años.

2 Completa las frases con las expresiones del recuadro.

> el año pasado   en 2009   hasta ahora   nunca   todavía

a _____ pude ver de cerca a mi ídolo: Carlos Santana.

b _____ hemos escuchado tango.

c Michael Jackson, quizás el más grande de los astros pop, nos dejó _____.

d Ricardo _____ no ha entendido cómo funcionan los servicios de *streaming*.

e _____ mi banda no ha tenido tiempo de ensayar.

3 ¿Qué has hecho o hiciste en los períodos a continuación?

a Esta semana.

_____

b Hace tres días.

_____

c En 2020.

_____

d Este año.

_____

e La semana pasada.

_____

f Hoy.

_____

¡ACÉRCATE!

1 Completa las frases con "haber que" + infinitivo o "tener que/deber" + infinitivo.

a Si Milagros quiere llegar a ser una cantante de música clásica, _____ estudiar canto.

b Todos saben que, para ser famoso, _____ tener un estilo que agrade a mucha gente.

c ¿Os gusta oír ritmos latinos? Entonces _____ conocer a Buena Vista Social Club, un clásico de la música cubana.

d En algunas plataformas de *streaming* _____ pagar para descargar las músicas.

e Si vas a escuchar música en un transporte colectivo, _____ utilizar auriculares para no molestar a los demás pasajeros.

Nombre: _____ Clase: _____

Fecha: _____ / _____ / _____

2 Escribe un consejo para cada situación utilizando las perífrasis verbales de obligación.

CONTEXTOS

1 Contesta las preguntas sobre listas de reproducción.

a ¿Cuáles son las mejores listas que conoces?

_____

b ¿En qué plataformas están hospedadas?

_____

c ¿Hay que pagar para acceder a ellas?

_____

2 Apunta qué estilos de música puede haber en las listas de reproducción de las siguientes personas.

a

b

c

d

¡AHORA TÚ!

1 Quieres actuar como pinchadiscos y surgieron algunas oportunidades para que practiques. Elige una de ellas y crea la lista de reproducción que usarás en la ocasión.

a Tu primito cumple 8 años y van a hacer una fiesta en la casa de tu tía.

b Tus abuelos van a celebrar las bodas de oro y quieren reunir a la familia.

c Tu vecina va a inaugurar una tienda de productos para mascotas y quiere llamar la atención del vecindario con una pequeña fiesta.

Nombre: _____ Clase: _____

Fecha: _____ / _____ / _____

¡A EMPEZAR!

1 Lee el texto y marca V (verdadero) o F (falso).

Alfonso Costa y las artes

No hay modalidad artística que se le resista a este español: ¡a Alfonso Costa le interesa todo! La pintura, la escultura, la fotografía, el dibujo… Y si ya no bastara, ahora está diseñando los personajes de un corto de animación.

El heterogéneo artista ha perdido la cuenta de las creaciones que llevan su firma. Calcula que, en materia de cuadros, lleva pintados al menos unos dos mil. Entre todas sus obras, siente especial predilección por el cuadro *Cerca de las estrellas*, hecho tras un accidente en el que se rompió seis costillas y se inspiró en las radiografías que le sacaron.

Entre sus trabajos más recientes están una exposición de 50 dibujos y un libro con fotografías artísticas. De todas sus facetas, a pesar de que le guste mucho la pintura, afirma que el dibujo es el arte que le encanta porque es la base de las demás modalidades artísticas y debe existir siempre.

Preguntado sobre los museos que más lo deslumbran, dice que el Museo del Prado, en Madrid, y el MoMA, en Nueva York, son sus preferidos.

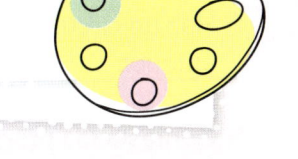

Basado en: <www.lavozdegalicia.es/noticia/barbanza/2008/04/13/creo-dibujo-base-arte-debe-existir-siempre/0003_6729200.htm>.
Acceso el: 8 nov. 2020.

a ☐ El artista Alfonso Costa se dedica solamente a la pintura y al dibujo.

b ☐ Una de sus obras fue inspirada en radiografías suyas.

c ☐ El dibujo es la modalidad que le gusta más porque es la base de las artes.

d ☐ Alfonso Costa ha pintado más de mil cuadros.

e ☐ Los museos que más le gustan están en España y Estados Unidos.

CAJÓN DE LETRAS

1 Completa el texto con las palabras del recuadro.

artistas   dibujo   exposiciones   fotografía   galerías   pintor

ARTES PLÁSTICAS Y VISUALES EN BOGOTÁ

Bogotá es una ciudad con una oferta permanente de artes plásticas y visuales: el _____, la pintura, la escultura, la _____, la instalación, el grafiti. Hay una gran variedad de _____ que están al alcance del público en museos, como el Museo Botero, _____ y espacios públicos de la ciudad.

Cada dos años, el premio Luis Caballero, que recibe el nombre del reconocido _____ colombiano, permite a los ciudadanos respirar arte al mismo tiempo que da valor a los _____ colombianos que se destacan más por su trayectoria.

Basado en: <www.idartes.gov.co/es/areas-artisticas/artes-plasticas-y-visuales/quienes-somos>. Acceso el: 8 nov. 2020.

2 Haz un círculo alrededor de las modalidades artísticas que aparecen en el texto de la actividad anterior.

3 Contesta las preguntas de acuerdo con el texto.

a ¿A qué modalidad artística se dedicaba Luis Caballero?

_____

b ¿Cómo se llama el museo que se menciona en el texto? ¿En qué ciudad y país está?

_____

c El museo lleva el nombre de un importante artista que apareció en **¡A empezar!**. ¿Cómo se llama y a qué modalidades se dedica?

_____

Nombre: _____ Clase: _____

Fecha: _____ / _____ / _____

4 🎧500 Escucha la descripción de tres materiales usados en el mundo del arte. Relaciónalos con sus respectivas imágenes y escribe sus nombres.

_____   _____   _____

¡ACÉRCATE!

1 Contesta las preguntas a continuación sobre el arte prehistórico en el cuaderno. En este momento, no te preocupes si tus respuestas están o no correctas: el objetivo es que respondas practicando el Pretérito Imperfecto de Indicativo.

a ¿Cómo pintaban las paredes de las cuevas los hombres prehistóricos? ¿Utilizaban pinceles?

b ¿De dónde sacaban los pigmentos y colores que utilizaban?

c ¿Qué imágenes representaban las primeras pinturas?

d ¿De qué materiales se hacían las esculturas?

e ¿Cómo era la arquitectura prehistórica? ¿De qué manera hacían sus construcciones?

2 🎧510 Escucha la grabación y comprueba tus respuestas. Luego contesta otra vez las preguntas de la actividad anterior, ahora de acuerdo con lo que has escuchado.

a _____

b _____

c _____

d _____

e _____

Pinturas en la Cueva de Altamira, España.

Pinturas en la Cueva de las Manos en Patagonia, Argentina.

LENGUA EN USO

1 🎧 **052** Escucha la grabación e identifica quiénes son los personajes del cuadro *Las meninas*, de Diego Velázquez, usando los nombres del recuadro.

> Diego Velázquez   Isabel de Velasco   José Nieto   la infanta Margarita
> los guardadamas   los reyes Felipe IV y Mariana de Austria
> María Agustina   Maribárbola   Nicolasito

VELÁZQUEZ, Diego. (1656). *Las meninas* (óleo sobre lienzo). 320,5 x 281,5 cm. Museo del Prado, Madrid.

a _____   f _____

b _____   g _____

c _____   h _____

d _____   i _____

e _____

Nombre: _____ Clase: _____

Fecha: _____ / _____ / _____

2 ¿Por qué la obra se llama *Las meninas*?

_____

_____

3 ¿Te acuerdas de algún dibujo que hayas hecho? Puede ser en tu tiempo libre, en la clase de Arte... ¿Cómo era? ¿Qué retrataba? Descríbelo brevemente.

_____

_____

¡ACÉRCATE!

1 Completa los fragmentos de una noticia y un reportaje con las perífrasis del recuadro.

> deja de pintar   empezó a dedicarse   empezó a ser

Reubican la escultura *Alas de México*, de Jorge Marín

A las diez de la noche, _____ retirada del Paseo de la Reforma, en la capital, la escultura *Alas de México*, donde miles de personas se sacaron fotos durante casi diez años. La remoción tuvo por objetivo facilitar la circulación de peatones y ciclistas por el local. La escultura seguirá en el Paseo de la Reforma, pero ahora en el entronque con la calle de Varsovia.

Basado en: <www.milenio.com/politica/comunidad/reubican-escultura-alas-mexico-artista-jorge-marin>. Acceso el: 9 nov. 2020.

El artista de cien años que no _____

Alberto Díaz Zelaya es un reconocido artista de El Salvador que durante sus cien años de existencia se ha dedicado al dibujo, a la pintura y a la escritura. A pesar de que su familia lo inducía a estudiar Medicina o Farmacia, _____ a las Artes Plásticas. Don Alberto fue alumno del maestro Valero Lecha, considerado el padre de la pintura salvadoreña.

Basado en: <www.laprensagrafica.com/elsalvador/Alberto-Diaz-pintor-usuluteco-de-100-anos-que-sigue-creando-obras-20201010-0003.html>. Acceso el: 9 nov. 2020.

CONTEXTOS

1 Lee el reportaje y subraya los nombres y la ubicación de los museos que se mencionan.

MoMA

Museo Frida Kahlo

Museos para descubrir sin salir de casa

Gracias a internet y a las nuevas tecnologías, es posible visitar museos de cualquier parte del mundo sin salir de casa. Conoce cuatro museos que ofrecen el servicio de visita virtual.

El prestigiado Museum of Modern Art, más conocido como MoMA, de Nueva York, alberga algunas de las obras más representativas de artistas de los siglos XIX y XX, como Picasso, Dalí y Van Gogh.

En la ciudad de Figueras, España, está el Teatro-Museo Dalí, dedicado exclusivamente a la obra de Salvador Dalí. El Museo Frida Kahlo, en Ciudad de México, traslada al visitante a la casa donde vivió la artista mexicana, conocida como la "Casa Azul". Además de obras de Frida, hay también algunas de su marido, Diego Rivera. En Ámsterdam, Países Bajos, está el Museo Van Gogh, que reúne desde dibujos hasta cartas y pinturas del artista postimpresionista.

Basado en: <www.educaciontrespuntocero.com/recursos/museos-visitas-virtuales-seleccion-mejores/>. Acceso el: 9 nov. 2020.

2 ¿Qué tienen en común los cuatro museos? Marca la opción correcta.

a ☐ Todos están en Europa.

b ☐ Todos tienen obras de Dalí y Van Gogh.

c ☐ Todos disponen de recorrido virtual.

d ☐ Todos tienen únicamente pinturas en el acervo.

¡AHORA TÚ!

1 ¿Cuál de los museos del reportaje te gustaría recorrer virtualmente? ¿Por qué?

_____

_____

_____

Nombre: _____ Clase: _____

Fecha: _____ / _____ / _____

¡A EMPEZAR!

1 Contesta las preguntas a continuación.

a ¿Cómo definirías el teatro de improvisación?

_____

b ¿Te gustaría ver un espectáculo de este tipo? ¿Y actuar en él? ¿Por qué?

_____

2 Antes de leer el texto, indica tres estrategias que, en tu opinión, pueden ser importantes para representar en el teatro de improvisación.

_____

_____

3 Lee el texto y complétalo con las siguientes estrategias.

> actuar y reaccionar   alimentar la historia   crear en grupo   decir sí   moverse

Teatro de improvisación: estrategias para desarrollarlo bien

La improvisación es uno de los grandes movimientos del teatro contemporáneo y suele atraer al público, ya que puede ser bastante sorprendente y convertirse en algo único e irrepetible. En este tipo de dramatización, el actor, además de representar, necesita actuar como dramaturgo y director de sí mismo, creando diálogos y situaciones originales para cada espectáculo. A continuación, te indicamos algunas estrategias que se relacionan con el desarrollo de teatros de este tipo:

_____: la historia debe crearse y alimentarse entre el público y los integrantes de la pieza. Es importante que todos estén en sincronía y logren compartir las aventuras de este tipo de dramatización.

_____: el guion no está escrito. De este modo, los actores deben abrirse a las posibilidades, observar, escuchar y reaccionar de acuerdo con lo que pasa a su alrededor.

_____: en la improvisación no hay nada imposible. Si el público o un integrante del grupo sugiere hacer algo, es interesante que los actores lo vean como posible e intenten encajarlo en la historia.

_____: para que la historia de la improvisación crezca, es importante que siempre se añadan nuevas ideas a las ya representadas.

_____: en este y en todos los tipos de teatro, el cuerpo habla. Los actores deben jugar con sus movimientos, expresarse con veracidad y usar las diferentes capacidades de su voz.

Basado en: <https://blogdeentradas.com/2020/09/19/tecnicas-y-obras-de-improvisacion-teatral/>. Acceso el: 15 nov. 2020.

APRENDER MEJOR

Aprovecha el texto para ampliar tus conocimientos. Léelo con atención, identifica las informaciones más relevantes, relaciónalas con el tema principal y sintetízalo.

4 Contesta las siguientes preguntas.

a Las estrategias que indicaste en la actividad 2 ¿se relacionan con las presentadas en el texto? ¿Cómo?

_____

b Para ti, ¿cuáles son las diferencias entre el teatro "común" y el de improvisación?

_____

_____

c Si fueses parte del público de una pieza de teatro de improvisación, ¿qué les pedirías a los artistas que improvisasen?

_____

CAJÓN DE LETRAS

1 Escribe tres palabras en cada columna.

Elementos teatrales	Profesiones relacionadas con el teatro	Géneros teatrales

2 Escribe ocho palabras o expresiones relacionadas con el circo.

_____ el/la payaso(a)

_____ _____

la carpa _____ _____

_____ la pista _____

_____

3 Escribe las profesiones correspondientes.

a Representa una pieza teatral: _____.

b Escribe una obra de teatro: _____.

c Hace acrobacias en el circo: _____.

d Conduce el espectáculo circense: _____.

e Conduce la obra teatral: _____.

f Hace magia: _____.

4 🎧053 Escucha la grabación y escribe los géneros de las obras teatrales.

a _Sueño de invierno:_ _____.

b _La llegada de mi abuelo:_ _____.

c _La muñeca de Raquel:_ _____.

d _La casa amarilla:_ _____.

e _El día más especial de mi vida:_ _____.

Nombre: _____ Clase: _____

Fecha: _____ / _____ / _____

1 Observa las imágenes y conjuga los verbos en Futuro Imperfecto de Indicativo para describir qué harán estos artistas en su espectáculo.

> agradecer   equilibrarse   querer   tener

Yo _____ en la cuerda.

Nosotros _____ al público.

Los payasos _____ hacer reír al público.

El director _____ que ensayar con sus actores.

2 Vuelve al texto de la sección **¡A empezar!** y observa la imagen que lo acompaña. ¿Qué situación estarán improvisando los actores? Escribe hipótesis usando el Futuro Imperfecto de Indicativo.

_____

3 Reescribe las siguientes frases sustituyendo la perífrasis de futuro por el Futuro Imperfecto de Indicativo.

a Es su estreno en el teatro y **va a representar** el papel principal.

_____

b Cuando empieza la ópera, mis amigos saben que **van a emocionarse**.

_____

c Así **vamos a reaccionar** cuando empiece el espectáculo circense.

_____

4 Escribe una frase para cada imagen que trate sobre el teatro o el circo usando verbos en Futuro Imperfecto de Indicativo.

_____   _____

LENGUA EN USO

1 🎧 054 Escucha las orientaciones del director y apunta qué harán estos profesionales.

a Ana: _____   **c** Juan y Pilar: _____

b Elisa: _____   **d** Julio: _____

2 Ve las informaciones y las imágenes de estos espectáculos y establece hipótesis sobre qué temas podrán tratar usando el Futuro Imperfecto de Indicativo.

Programación

El equilibrista
Comedia dramática
Actor: Lucas Martínez
Director: César Velasco
Autores: Lucas Martínez, Patricia Amaro y Ana López

Lo esencial
Musical con títeres
Actor, director y autor:
José Ramón Úbeda

Nombre: _____ Clase: _____

Fecha: _____ / _____ / _____

¡ACÉRCATE!

1 Haz un círculo alrededor del artículo que completa correctamente cada frase.

a Este es **el** / **lo** espectáculo que tiene más artistas.

b **El** / **Lo** bueno de vivir en este barrio es que siempre hay espectáculos en la calle.

c **El** / **Lo** malo de este trabajo es que no tengo contacto con **el** / **lo** público.

d Estamos ensayando todo **lo** / **el** que podemos.

e ¿Estos artistas saben que **lo** / **el** mejor del espectáculo es su impacto en el público?

2 Forma frases con los elementos a continuación.

a mejor – espectáculo – del – es – trama – su – lo

_____

b difícil – equilibrio – mantener – es – de – lo – ser – malabarista – el

_____

c que – representarán – lo – es – sorpresa – una

_____

d lo – María – me – fantástico – de – parece

_____

3 Fundamenta el uso del artículo "lo" en las frases de la actividad anterior.

a _____

b _____

c _____

d _____

4 Describe las características de los espectáculos circenses usando el artículo neutro "lo".

Ejemplo: Lo fantasioso e increíble del circo es la ilusión que crea en los espectadores.

_____

CONTEXTOS

1 Antes de leer el texto de la actividad siguiente, observa su título y apunta estas informaciones.

a El lugar en el cual crees que transcurrirá la acción: _____

b El posible tema de la obra: _____

2 Lee este fragmento de una obra teatral y complétalo con las siguientes informaciones para los artistas.

> *(Adrián se queda callado). / (Coge de nuevo el pez y lo observa). / (Coge el pez). / (Contento).*

EL MAR FUE PRIMERO, PRIMERO FUE EL MAR – ACTO 1 – ESCENA 1

Adrián: *(Con voz muy alta y fuera de escena).* ¡Míralo!, ¡ahí, ahí, ahí! Con calma, con calma, con calma. _____ ¡Picó, picó, picó!

Suso: ¡Picó, picó, tío, picó! Sabía yo que después de seis horas algo teníamos que pillar *(Pausa. Suso coge el pez).* Pero ¿qué es esto? *(Cogiendo el pez y sorprendido).*

Adrián: ¡Qué! _____ ¿Qué es esto?

Suso: *(Con gracia).* Esto es lo que suele llamarse "brujo". Para nada es que venga de Brujas, lo más probable es que haya venido del Mar Negro porque lo veo negro, negro, negro.

Adrián: Pero ¡qué dices! *(Recriminándolo y agarrándolo fuertemente por los brazos).* Esto no es normal *(Coge el pez).* Escucha lo que te quiero decir... Normal, normal, no es. No tiene cuatro ojos, pero observa las escamas: está enfermo, no se puede comer de ninguna manera. ¿Te enteras? *(Más exaltado).*

Suso: ¡Vale! *(Alzando la voz).* Que sí... _____ Sí, verlo lo veo. Está pachucho del todo, podrido. Seguro que lo has pescado ya muerto, no te preocupes.

Adrián: ¡Hala, Suso! Como para no preocuparse... *(Continuando exaltado).* Esto pinta muy mal. Llevamos aquí desde el amanecer, estamos quemados de tanta espera y con poca chicha que llevar a la boca... Además, esto solo puede significar una cosa. _____

DÍAZ-PINÉS PRIETO, María del Sagrario. *El mar fue primero, primero fue el mar.* Adaptado de: <www.educacionyfp.gob.es/bulgaria/dam/jcr:ef2119de-91b0-4feb-b784-2fd978bd669c/teatro-2016-webs.pdf>. Acceso el: 28 nov. 2020.

3 Sobre el fragmento de la obra teatral de la actividad anterior, indica los elementos pedidos.

a Emociones presentes en la actuación de los personajes: _____

b Razón por la cual se sorprenden los personajes: _____

c Tiempo que pasa hasta que lograron pillar algo: _____

4 Establece hipótesis para la continuación de la historia usando verbos en Futuro Imperfecto de Indicativo.

_____

¡AHORA TÚ!

1 Elige uno de los títulos a continuación y escribe el inicio de un *sketch*.

> *El examen de Ciencias   El viaje secreto   Lo mejor de la vida   Un día inolvidable*

_____

2 Comparte tu *sketch* con un compañero y pídele que lo termine. Luego intercambien los papeles.

_____

Nombre: _____ Clase: _____

Fecha: _____ / _____ / _____

¡A EMPEZAR!

1 Lee el texto y marca P (libros en papel) o E (libros electrónicos).

¿Libro en papel o electrónico?

A pesar de que nos familiarizamos cada vez más con los libros electrónicos, el conflicto libro en papel versus *e-book* continúa, ya que ambos formatos tienen sus defensores y críticos.

Libros impresos: los amigos eternos

El libro es una obra escrita para ser disfrutada, pero también es un objeto de culto. Nada puede sustituir el placer de oler sus páginas y la tinta, sentir en las manos la textura del papel, contemplar las lindas portadas y ver expuestas en la estantería nuestras ediciones favoritas.

Con los libros impresos construimos en casa una pequeña biblioteca y esta se convierte en uno de los espacios más queridos del hogar.

Otra ventaja es que los libros en papel se pueden prestar y regalar. Un único ejemplar puede ser leído legalmente por muchas personas.

Por fin, ¡nunca fallan! Un libro impreso nunca se quedará sin batería, ni se apagará o dejará de funcionar por motivos desconocidos. Además, no todos los libros están digitalizados.

Libros electrónicos: los nuevos y divertidos amigos

Los *e-books* son más fáciles de llevar a cualquier lugar por su tamaño y peso. También son una buena alternativa cuando tenemos un rato libre y se nos ocurre leer.

Tener toda la biblioteca en un solo dispositivo permite liberar espacio en nuestra casa, una excelente opción para los que viven en hogares muy pequeños.

La posibilidad de adecuar el tamaño de la letra, en especial para las personas mayores, así como la iluminación propia, que permite leer a cualquier hora del día y en cualquier parte, son otros beneficios muy valorados.

Finalmente, un diferencial importante es su sostenibilidad, ya que no requieren la tala de ningún árbol.

Basado en: <www.eldiario.es/consumoclaro/ahorrar_mejor/libro-papel-ebook-ventajas_1_1680285.html>.
Acceso el: 23 nov. 2020.

a ☐ Ocupan menos espacio.   **d** ☐ Son más sostenibles.

b ☐ Son más portables.   **e** ☐ Se pueden regalar y prestar.

c ☐ Nunca fallan.   **f** ☐ Forman una biblioteca en casa.

CAJÓN DE LETRAS

1 Completa las frases con las palabras del recuadro.

> capítulos   editorial   índice   libro   portada   sinopsis

a Antes de leer un _____, siempre leo su _____, que aparece en la contraportada.

b El _____ es una lista ordenada de los _____ de una obra.

c En la _____ aparecen el título de la obra y la _____.

2 🎧 55 Escucha los resultados de una encuesta y contesta las preguntas.

a ¿Cuáles son los géneros literarios favoritos de los argentinos?

_____

b ¿Y cuál es el formato de libro preferido?

_____

3 Completa el crucigrama con el vocabulario del cine.

a Género relacionado con el misterio.

b Género que provoca sensaciones como miedo y horror.

c Lugar donde se venden las entradas del cine.

d Letrero con la traducción de lo que dicen los personajes de una película.

e Género que se caracteriza por batallas, mucho movimiento y efectos especiales.

f Género de películas como *Indiana Jones* y *Las crónicas de Narnia*.

g Programación de las películas que dan en los diferentes cines.

h Género cinematográfico que hace reír.

i Fondo musical de una película.

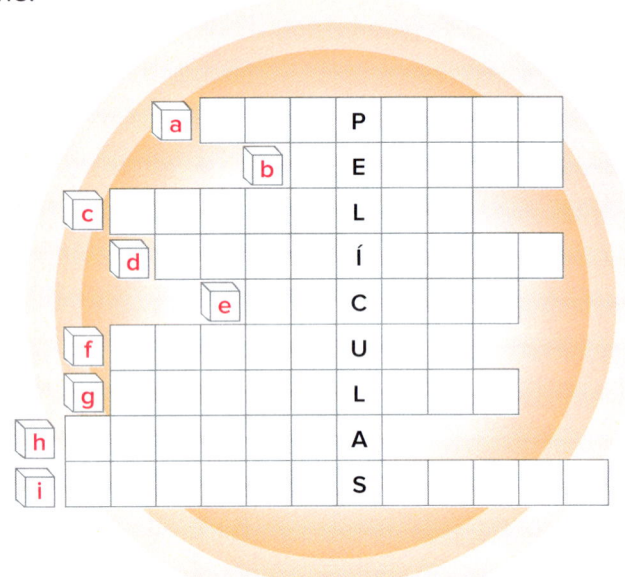

¡ACÉRCATE!

1 Conjuga los verbos en Pretérito Pluscuamperfecto de Indicativo para completar las frases.

> decir   escribir   formarse   ir   ver

a Mis primos me invitaron a la Feria del Libro, pero ya _____ con el colegio.

b Nunca _____ una fanficción hasta que el profesor nos propuso hacer una como tarea. [yo]

c Mis amigos ya me _____ que esta serie era genial ¡y estoy de acuerdo!

d Nunca _____ una película hispana antes de estudiar español. [nosotros]

e Cuando fuimos a comprar las entradas, ya _____ una cola en la taquilla.

Nombre: _____ Clase: _____

Fecha: _____ / _____ / _____

2 Busca informaciones sobre estos actores y actrices y apunta su nacionalidad. Luego relaciónalos con sus descripciones y conjuga los verbos en Pretérito Pluscuamperfecto de Indicativo. 🌐

Álvaro Morte

Salma Hayek

Ricardo Darín

Penélope Cruz

Gael García Bernal

Úrsula Corberó

☐ Antes de ganar el Óscar como mejor actriz de reparto, ya _____ nominada en la categoría de mejor actriz por su trabajo en la película española *Volver*. [ser]

☐ Antes de interpretar a la conocida personaje Tokyo de la serie *La casa de papel*, ya _____ mucho éxito como una de las protagonistas de la serie juvenil *Física o Química*. [tener]

☐ Antes de ser nominada al Óscar como mejor actriz en la película Frida, ya _____ en telenovelas. [trabajar]

☐ Antes de interpretar al famoso Profesor de la serie La casa de papel, ya _____ otras series en la televisión. [hacer]

☐ Antes de ser actor, productor y director de cine, _____ su carrera artística en el teatro. [iniciar]

☐ Antes de protagonizar la película *Un cuento chino*, ya _____ en *El secreto de sus ojos*, ganadora del Óscar a la mejor película extranjera. [actuar]

3 🔊 Escucha la grabación y comprueba tus respuestas.

1 Ahora ¡tú serás el(la) autor(a)! Deja volar tu creatividad y completa las frases imaginando lo que había pasado antes de estas imágenes.

Estaba agotada porque…

_____

Estaba preocupado porque…

_____
_____

Estaban muy contentos porque…

_____
_____

Se quedaron sorprendidas porque…

_____
_____

2 Escucha la grabación y ordena los eventos en la línea del tiempo: 1.º para el acontecimiento más antiguo y 4.º para el más reciente.

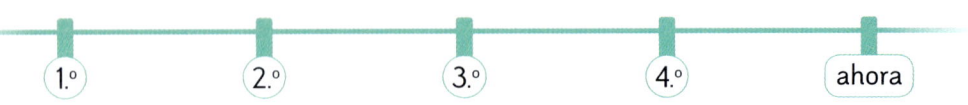

1.º   2.º   3.º   4.º   ahora

a ☐ Ver la serie *Sherlock.*

b ☐ Ver la serie *Elementary.*

c ☐ Leer todas las novelas de Sherlock Holmes.

d ☐ Ver las películas de Sherlock Holmes.

Nombre: _____ Clase: _____

Fecha: _____ / _____ / _____

¡ACÉRCATE!

1 Sustituye las palabras destacadas por sus respectivos superlativos.

a La serie española *Merlí* es **muy famosa** en todo el mundo. _____

b Las películas del director argentino Juan José Campanella son **muy buenas**. _____

c La literatura hispana tiene autores **bastante notables y premiados** como la chilena Gabriela Mistral y el colombiano Gabriel García Márquez, que recibieron el Premio Nobel. _____

d La serie documental, también llamada "docuserie", mezcla técnicas y recursos tanto del género documental como de las series televisivas. Es una propuesta **muy interesante**. _____

2 Contesta de acuerdo con tus preferencias.

- ¿Qué película consideras divertidísima?

_____

- ¿Qué serie estás curiosísimo(a) por ver?

_____

- ¿Qué libro te parece bellísimo?

_____

- ¿Qué película consideras pésima?

_____

- ¿Qué serie te parece sobrevaloradísima?

_____

- ¿Qué género literario es aburridísimo para ti?

_____

3 Relaciona las frases y forma oraciones concesivas.

a Me gustó mucho la película,

b Prefiero el cuento a la poesía,

c No tengo ganas de ver esa serie,

d El cine brasileño todavía no ha ganado ningún Óscar,

e Siempre quiero comprar más libros,

☐ aunque todo el mundo me la recomienda.

☐ a pesar de que haya sido nominado algunas veces.

☐ aunque no sé si comprendí muy bien el final.

☐ aunque tenga muchos por leer en casa.

☐ a pesar de que los dos son excelentes géneros literarios.

1 Lee la siguiente fábula y compárala con "Los dos húespedes", fábula que leíste en la unidad 7. Luego marca V (verdadero) o F (falso).

EL GUSANO DE SEDA Y LA ARAÑA
Tomás de Iriarte

En un árbol frondoso se encontraba un gusano muy ocupado armando su capullo. Tanto tiempo había trabajado que había perdido la noción de los días. Trabajaba sin descanso durante días y noches enteros. El gusano quería que su capullo se viera perfecto.

Un día se acercó a su capullo una araña y, al observarlo, comenzó a tejer una tela. Luego de un rato, la araña le dijo al gusano:

— ¡Mira qué bonita es mi tela! La he comenzado hoy por la mañana y al atardecer ya la habré terminado. ¿Qué dice de mi tela el señor gusano?

El gusano, lento pero seguro del trabajo que estaba haciendo con su capullo, le respondió:

— Así como su tela es bella, también es muy frágil. Aunque mi capullo estará listo en unos cuantos días, será seguro y resistente.

Moraleja: se ha de considerar la calidad de la obra y no el tiempo que se ha tardado en hacerla.

Adaptado de: <www.cervantesvirtual.com/portales/tomas_de_iriarte/238910_gusano_y_arana/>. Acceso el: 23 nov. 2020.

a ☐ Las dos fábulas son del mismo autor.

b ☐ Esta tiene animales como personajes, y la otra, humanos.

c ☐ Las dos están escritas en versos.

d ☐ La moraleja es la misma en las dos fábulas.

¡AHORA TÚ!

1 ¿Qué te pareció la fábula? ¿Estás de acuerdo con su moraleja? ¿Por qué? Escribe un comentario sobre el texto.

_____

_____

PRESENTACIÓN

En este volumen vas a ejercitar la curiosidad, la imaginación y la apertura hacia lo nuevo para idear, poco a poco, un proyecto de intervención en tu comunidad. Para empezar, vas a identificar sus principales características, y luego algunos de sus problemas y los derechos y deberes de quienes la componen. Se plantearán temas como medioambiente, accesibilidad y arte. Además, vas a reflexionar sobre cómo puedes usar lo que aprendes en la escuela para mejorar tu comunidad y de qué manera el trabajo en esta puede ayudarte a desarrollar tus habilidades. Finalmente, vas a poner en práctica tu proyecto de intervención.

CONOCE LOS ÍCONOS DEL MATERIAL

 Este ícono indica que debes realizar la **actividad en grupo**.

 Este ícono indica que debes **compartir información** con tus compañeros.

 Este ícono indica que debes **reflexionar sobre el tema** propuesto junto con tu profesor y compañeros.

 Este ícono indica que vas a realizar una **actividad de producción** que contempla el contenido trabajado.

Dirección editorial: Sandra Possas

Edición ejecutiva de español: Izaura Valverde

Edición ejecutiva de producción y multimedia: Adriana Pedro de Almeida

Coordinación de arte y producción: Raquel Buim

Coordinación de revisión: Rafael Spigel

Edición de texto: Angela Cristina Costa Neves

Elaboración de contenido: Cíntia Afarelli

Corrección: Camilla Bazzoni de Medeiros

Revisión lingüística: María Alicia Manzone Rossi

Revisión: Elaine Viacek, Manuel Quilarque, Sheila Folgueral, Simone Garcia, Vinicius Oliveira

Proyecto gráfico: João Negreiros, Karina de Sá

Edición de arte: João Negreiros

Maquetación: Casa de Ideias

Cubierta: João Negreiros, Rafael Gentile

Diseños especiales: João Negreiros, Raquel Coelho, Anderson Sunakozawa

Portal Educacional Santillana: Priscila Oliveira Vieira (edición de contenido), Maria Eduarda Pereira Scetta (curaduría de contenido)

Captura de fotos: Sara Alencar, Danielle de Alcântara, Paloma Klein

Coordinación de *bureau*: Rubens M. Rodrigues

Tratamiento de imágenes: Ademir Francisco Baptista, Joel Aparecido, Luiz Carlos Costa, Marina M. Buzzinaro, Vânia Aparecida M. de Oliveira

Preimpresión: Alexandre Petreca, Everton L. de Oliveira, Fabio Roldan, Marcio H. Kamoto, Ricardo Rodrigues, Vitória Sousa

Impresión: Log&Print Gráfica e Logística S.A.

Lote: 768436

Código: 120002108

SANTILLANA ESPAÑOL
EDITORA MODERNA LTDA.
Rua Padre Adelino, 758 — Belenzinho
São Paulo — SP — Brasil — CEP 03303-904
www.santillanaespanol.com.br
2023
Impresso no Brasil

Crédito de las fotos

Imagen de la cubierta: *miakievy/Istockphoto*

Tercera portada: La asombrosa excursión de Zamba por la Geografía latinoamericana. *Las asombrosas excursiones de Zamba*. [Serie]. Dirección General: Sebastián Mignogna. Producción: Camila Fanego Harte, Cecilia di Tirro. Argentina: *El perro en la luna*, 2015; p. 4: (a) mikolajn/Istockphoto; (b) normanAM/Istockphoto; (c) Empato/Istockphoto; p. 5: Roberto Machado Noa/LightRocket/Getty Images; Cris Faga/NurPhoto/Getty Images; p. 6: (a) LuckyBusiness/GettyImages; (b) pinglabel/GettyImages; (c) Leonardo Patrizi/GettyImages; (d) eli_asenova/GettyImages; (e) Bim/Istockphoto; (f) Constantinis/GettyImages; SurfUpVector/GettyImages; p. 7: (a) Alina555/GettyImages; (b) zoranm/GettyImages; (c) Imgorthand/GettyImages; p. 8: (a) Juhku/GettyImages; (b) RicAguiar/GettyImages; (c) Srdjanns74/GettyImages; p. 9: SurfUpVector/GettyImages; p. 12 (a) South_agency/Istockphoto; (b) Ridofranz/Istockphoto; (c) Rawpixel/Istockphoto; (d) Imgorthand/Istockphoto; (e) RyersonClark/Istockphoto; (f) tdub303/Istockphoto; p. 13: HRAUN/Istockphoto; Valeriy_G/Istockphoto; p. 14: (a) ViktoriiaNovokhatska/Istockphoto; (b) Goads Agency/Istockphoto; (c) schulzie/Istockphoto; (d) CnOra/Istockphoto; (e) ssuaphoto/Istockphoto; (f) jchizhe/Istockphoto; p. 15: AleksandarGeorgiev/Istockphoto; LeManna/Istockphoto; p. 16: (a) ULU_BIRD/Istockphoto; (b) Thiago Santos/Istockphoto; (c) buzbuzzer/Istockphoto; (a) RossHelen/Istockphoto; (b) clu/Istockphoto; (c) MindStorm-inc/Istockphoto; p.17: (a) Scacciamosche/Istockphoto; (b) RUBEN RAMOS/Istockphoto; (c) Jovanmandic/Istockphoto; (d) Ignatiev/Istockphoto; Yulia Sutyagina/Istockphoto; p. 18: (a) nicolesy/Istockphoto; (b) urbazon/Istockphoto; (c) Rawpixel/Istockphoto; (d) FOTOGRAFIA INC./Istockphoto.

SUMARIO

> ¿Vives en el mismo lugar hace tiempo? ¿Es un barrio central, ajetreado o una vecindad tranquila en la periferia de la ciudad? ¿Conoces a muchos vecinos? ¿Hay algún tipo de actividad, evento o asociación que reúna a los vecinos de la comunidad de vez en cuando?

1 ¿Alguno de estos barrios se parece al lugar donde vives? Señala la imagen que se acerque más a la idea que tienes de tu comunidad.

2 ¿Qué te parecen los lugares que no señalaste? ¿Son muy diferentes al lugar donde vives? ¿Estarías dispuesto(a) a vivir en una comunidad con características distintas a las del lugar donde vives? ¿Por qué? Discute tus impresiones con tres o cuatro compañeros.

3 ¿Cuáles de las siguientes actividades puedes realizar sin salir de tu barrio o comunidad?

a ☐ Caminar o andar en bici en parques o carriles apropiados.

b ☐ Ir al cine, al teatro o al museo.

c ☐ Hacer compras de supermercado o farmacia.

d ☐ Tener acceso a atención médica.

e ☐ Ir a la escuela.

f ☐ Ir a una biblioteca.

g ☐ Ver competencias deportivas o practicar deportes.

h ☐ Participar en fiestas y celebraciones.

4 Piensa sobre las opciones anteriores y contesta: ¿cuáles no señalaste y te gustaría tener en tu barrio? ¿Por qué? ¿Identificaste alguna actividad que no sueles realizar y que te gustaría empezar a hacer? Coméntalo.

_____

_____

5 Reflexiona con tu profesor y tus compañeros y responde.

> En las actividades anteriores reflexionaste sobre actividades nuevas que te interesaría comenzar a hacer, y también sobre lugares diferentes a tu comunidad en los que estarías dispuesto(a) a vivir. ¿Te parece importante estar abierto a cambios y nuevas experiencias? ¿En qué ámbitos de la vida?
>
> **Así como conviene valorar la historia y las tradiciones de un lugar, también conviene pensar sobre las transformaciones y las novedades que puedan proporcionar bienestar, cultura y calidad de vida a las personas que viven allí.**

6 ¿Sabías que las comunidades y los barrios tienen un papel importante en la celebración de la cultura local? Lee las informaciones a continuación y observa las imágenes para conocer dos ejemplos.

Las Parrandas son una fiesta tradicional que se celebra cada año en 18 comunidades de la región central de Cuba. En cada una de ellas se da una competición entre dos barrios que se presentan con carrozas, fuegos artificiales, disfraces, música, etc., y es el pueblo el que elige el ganador. La fiesta fue declarada Patrimonio de la Humanidad por la Unesco en 2018.

En el mes de julio se celebra el Festival de las Estrellas en el barrio de Liberdade, en São Paulo, conocido por representar la cultura japonesa en Brasil. En la fiesta, inspirada en una leyenda japonesa, hay danzas folclóricas y presentaciones musicales y las calles se decoran con papeles de colores.

7 Investiga y contesta las preguntas. ¿Hay alguna fiesta tradicional en tu barrio? En caso afirmativo, ¿forma parte de un evento mayor —de la ciudad, por ejemplo— o es típica de tu comunidad? ¿Participas de alguna manera? ¿Y tus familiares y vecinos?

_____

_____

8 Reflexiona con tu profesor y tus compañeros y responde.

Piensa sobre lo que aprendiste acerca de tu barrio o comunidad que aún no sabías. ¿Qué te pareció esa experiencia de investigar y hablar sobre el lugar en el que vives? ¿Te resulta interesante buscar informaciones y adquirir nuevos conocimientos?
La curiosidad es el punto de partida hacia la búsqueda de conocimientos y aprendizaje. Y este se da de innúmeras formas: estudiando, leyendo, viendo películas, escuchando música, hablando con los amigos, preguntando o investigando.

9 Prepara un video en el que presentes tu barrio o comunidad a tus compañeros. Pasea por las calles y enséñales los lugares que te gustan, las opciones de ocio y las curiosidades. Puedes compartir tus ideas sobre tu barrio o comunidad, entrevistar a algunos vecinos, mostrar puntos de interés artístico (monumentos, grafitis, etc.), entre otras cosas que te parezcan interesantes.

MIS DERECHOS Y DEBERES

¿Ya has pensado qué es necesario para que todos vivan bien en una comunidad? ¿Cómo debe actuar cada uno de sus miembros? ¿Hay reglas que deben cumplirse? ¿Las personas que integran una comunidad tienen también derechos?

1 Observa las imágenes y reflexiona sobre si ellas representan un derecho o un deber de quienes viven en una comunidad.

a

Tirar la basura en lugares adecuados.

b

Acceso a energía.

c

Mantener limpios los espacios públicos.

d

Respetar las señales de tránsito.

e

Acceso a agua.

f

Accesibilidad.

2 En grupos, comparen sus reflexiones sobre las imágenes de la actividad anterior. Luego discutan: ¿quiénes son los responsables de asegurarles estos derechos a los miembros de la comunidad? ¿Por qué es importante cumplir deberes como los retratados en las imágenes? ¿Creen que sus acciones pueden afectar la vida de los demás miembros de la comunidad?

3 En parejas, piensen otras reglas que deben observarse para una buena convivencia en comunidad y qué otros derechos tienen sus miembros. Apunten sus respuestas en la columna correspondiente y compártanlas con los demás compañeros.

DEBERES	DERECHOS

4 Reflexiona sobre la siguiente afirmación y apunta tu opinión al respecto. ¿Puedes dar ejemplos de situaciones relacionadas con esa idea que hayan sucedido en tu comunidad?

✖   LOS DERECHOS DE CADA UNO TERMINAN DONDE EMPIEZAN LOS DERECHOS DE LOS DEMÁS.   ✖

_____

_____

5 Reflexiona con tu profesor y tus compañeros y responde.

La vida en una comunidad —una urbanización, un edificio de apartamentos, un barrio, una ciudad, etc.— es mejor cuando todos cumplen sus deberes y tienen sus derechos garantizados. ¿Te acuerdas de alguna situación en la que los miembros de tu comunidad tuvieron que reivindicar algún derecho? ¿Hay deberes que dejan de cumplirse con alguna frecuencia en tu comunidad?

Muchos de estos derechos deben asegurarlos las autoridades, mientras que otros dependen de la concienciación y de la actitud de quienes comparten el espacio de una comunidad.

6 Reflexionen y discutan en grupos: ¿les parece que también hay derechos y deberes en una comunidad escolar? ¿Pueden dar ejemplos? Analicen las imágenes para ampliar la discusión.

7 Reflexiona con tu profesor y tus compañeros y responde.

Piensa en qué deberes y derechos tienen los adolescentes como tú en una comunidad. ¿Alguno de los ejemplos que pensaste con relación a la escuela se aplica también a comunidades mayores, como el barrio o la ciudad? ¿Ya habías pensado antes sobre estas cuestiones?

La responsabilidad, la empatía, el respeto y la exigencia del cumplimiento de los derechos forman parte de la ciudadanía.

8 En grupos, redacten, ensayen y presenten a los demás compañeros una escena teatral corta en la que representen al menos un derecho y un deber de los miembros de una comunidad.

PROBLEMAS Y SOLUCIONES

¿Cuáles son los aspectos positivos y negativos de la vida cotidiana en tu comunidad? ¿Qué problemas identificas? ¿Crees que tus vecinos comparten tus opiniones al respecto? ¿Ya has pensado en posibles soluciones para estos problemas?

1 Señala los problemas que has identificado en tu comunidad en algún momento y contesta: ¿ya se han solucionado?

a ☐ Veredas en mal estado.

b ☐ Agujeros en las calles.

c ☐ Basura en lugares inadecuados.

d ☐ Ausencia de áreas verdes.

e ☐ Falta de accesibilidad para personas con discapacidad.

f ☐ Interrupciones frecuentes de energía eléctrica u otros servicios.

g ☐ Otro(s): _____

2 En parejas, discutan sus respuestas a la actividad anterior y su punto de vista sobre las soluciones que se han implementado o no en sus respectivas comunidades.

3 Observen las siguientes imágenes y, en grupos, hablen acerca de cuáles pueden ser los problemas retratados. ¿Identifican estos problemas en los lugares donde viven? ¿Cuáles podrían ser las soluciones y cómo sería posible implementarlas?

4 ¿Cuál te parece que es el camino apropiado para llegar a la solución de un problema de la comunidad? ¿Quiénes deben tomar la iniciativa de trabajar en pos de esa solución? ¿Cómo pueden llegar a un acuerdo los vecinos? Y cuando los responsables son las autoridades, ¿qué deben hacer los miembros de la comunidad? Apunta tus opiniones.

_____

_____

5 Reflexiona con tu profesor y tus compañeros y responde.

Cuando hay desacuerdos entre vecinos o problemas comunes que afectan a varios miembros de una comunidad, el diálogo es fundamental para encontrar soluciones. ¿Recuerdas alguna situación en tu comunidad que se haya solucionado gracias al diálogo? ¿Ya has tenido que hablar con algún vecino acerca de un problema entre ustedes o de la comunidad en general?

Hay que respetar los derechos de los demás y, en el caso de tener que recurrir a las autoridades, pueden elegirse representantes que reclamen las medidas necesarias.

6 Lee las siguientes historias sobre grupos de vecinos que mejoraron sus comunidades gracias a esfuerzos conjuntos. ¿Cuál de las dos te parece más inspiradora? ¿Por qué?

> Con la ayuda de un colectivo español, las familias de una comunidad de El Chorrillo, en la ciudad de Panamá, renovaron la fachada de su edificio con una pintura colorida y un mensaje positivo: *Somos luz*, que anima a los vecinos a mejorar aún más el lugar donde viven con otras iniciativas.

> Con acciones como la creación de un sistema de captación de agua de lluvia, el mapeo y protección de manantiales, y el cultivo de árboles y jardines en las calles, grupos de vecinos de la ciudad de São Paulo dieron grandes pasos hacia la transformación de sus comunidades en ecobarrios.

_____

_____

_____

7 ¿Cuál(es) de los siguientes conceptos se relaciona(n) con las historias de la actividad anterior? Subráyalos y discútelos con tus compañeros.

BELLEZA AUTOESTIMA INICIATIVA OPTIMISMO MANTENIMIENTO
RESPONSABILIDAD CURIOSIDAD CALIDAD
ECOLOGÍA COMPORTAMIENTO UNIÓN
ECONOMÍA
INNOVACIÓN CREATIVIDAD NATURALEZA ARTE
SALUD INVESTIGACIÓN INCENTIVO
CONJUNTO APOYO CUIDADO SUSTENTABILIDAD

8 Discutan en grupos: entre los conceptos presentados en la actividad anterior, ¿cuáles les parecen importantes para mejorar una comunidad? ¿Por qué?

9 Reflexiona con tu profesor y tus compañeros y responde.

> • • •
>
> Piensa sobre lo que se discutió en las actividades anteriores. ¿Ya se te había ocurrido mejorar tu comunidad con iniciativas relacionadas con la accesibilidad, el arte, la sustentabilidad y el trabajo en equipo?
> **La calidad de vida de los vecinos de una comunidad depende de varios factores que deben tener en cuenta las necesidades colectivas y las individuales.**

10 Imagina cómo sería la comunidad donde vives con los cambios y las mejorías que pensaste y discutiste en las actividades anteriores. Haz un diseño en una cartulina o utilizando un programa informático. Preséntaselo a tus compañeros y enséñales algunos de los elementos que has ideado.

CONOCIMIENTOS AL SERVICIO DE LA COMUNIDAD

¿Cómo crees que podrás aplicar en el futuro lo que aprendes en la escuela? Los conocimientos que adquieres en las clases, ¿pueden ayudarte a mejorar tu comunidad? ¿De qué manera? ¿Ya lo has intentado alguna vez?

1 Reflexiona sobre las siguientes situaciones de una comunidad ficticia. ¿Cómo crees que podrías contribuir a encontrar posibles soluciones? Discútelo con dos o tres compañeros.

- **a** Familias con problemas financieros.
- **b** Niños en edad escolar con dificultades en lectura y escritura.
- **c** Carencia de árboles y áreas verdes.
- **d** Falta de actividades recreativas y educativas.
- **e** Personas de diferentes edades con malos hábitos alimentarios.
- **f** Ausencia de sistemas de reciclaje y reutilización del agua.
- **g** Paredes y fachadas sucias o con pintadas.
- **h** Vecinos con dificultades de comunicación con la alcaldía.
- **i** Falta de concienciación sobre política y ciudadanía.
- **j** Dificultad de acceso a elementos culturales brasileños y extranjeros.

2 A continuación, mencionamos algunas asignaturas básicas y actividades extras que se pueden enseñar en una escuela. Piensa sobre lo que se aprende en cada una de ellas. Relaciónalas con las situaciones presentadas en la actividad anterior considerando los conocimientos que emplearías en la solución de los problemas.

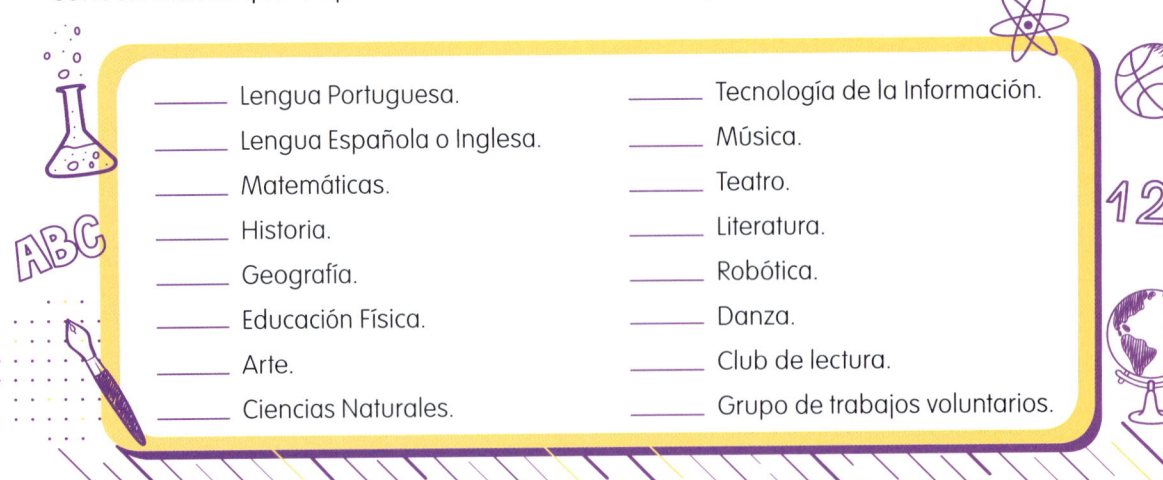

_____ Lengua Portuguesa.	_____ Tecnología de la Información.
_____ Lengua Española o Inglesa.	_____ Música.
_____ Matemáticas.	_____ Teatro.
_____ Historia.	_____ Literatura.
_____ Geografía.	_____ Robótica.
_____ Educación Física.	_____ Danza.
_____ Arte.	_____ Club de lectura.
_____ Ciencias Naturales.	_____ Grupo de trabajos voluntarios.

3 En parejas, discutan sus respuestas a la actividad anterior. ¿De qué manera los conocimientos de cada asignatura o actividad extra se emplearían en la resolución de los problemas planteados?

4 Reflexiona con tu profesor y tus compañeros y responde.

Los conocimientos que se adquieren en la escuela pueden ser útiles en diferentes situaciones de la vida cotidiana, incluso en la mejora de la comunidad. ¿La reflexión y las discusiones sobre las actividades anteriores te han estimulado a hacer algo por tu comunidad?

Además de lo que se aprende en las clases, siempre se pueden buscar otros conocimientos en libros, películas, reportajes, etc., incluso cuando son necesarios para algún proyecto desarrollado en la comunidad.

5 Piensa ahora sobre los problemas específicos de tu comunidad. ¿Algunos coinciden con los de la actividad 1? ¿Qué otros problemas hay? ¿Cómo utilizarías lo que aprendes en la escuela para solucionarlos? Completa la tabla.

Problema o aspecto que me gustaría mejorar	Solución	Conocimientos empleados

6 ¿Qué asignatura(s) o clase(s) prefieres? ¿En cuál(es) crees que tienes los mejores resultados? Teniéndolo en cuenta, señala una de las siguientes opciones.

a ☐ Sería más provechoso crear un proyecto de mejora de mi comunidad basándome en mis preferencias o aptitudes en la escuela.

b ☐ Al desarrollar un proyecto de mejora de mi comunidad, elegiría el desafío de trabajar en áreas en las que necesito aprender más.

7 Reflexiona con tu profesor y tus compañeros y responde.

No todas las escuelas tienen asignaturas o actividades extras como las que se mencionaron antes, ¿verdad? Piensa cómo sería lograr que se impartiesen clases o se organizasen actividades en tu comunidad. ¿Te parece un buen proyecto? ¿Qué sería necesario?

El desarrollo de un proyecto incluye diferentes etapas: ideación, planificación, preparación, puesta en práctica, ajustes y mantenimiento.

8 En grupos, graben un episodio de un pódcast en el que discutan qué les gustaría mejorar o cambiar en su comunidad y cómo lo harían empleando lo que aprenden en la escuela. Cuando esté listo, preséntenselo a los demás compañeros.

¿Cuáles crees que son tus principales habilidades? ¿Cómo las reconoces? ¿Te parece que el trabajo en la comunidad puede ayudarte a desarrollarlas?

1 Observa las imágenes y escribe las habilidades que crees que tienen estos jóvenes.

2 En parejas, comparen y fundamenten sus respuestas a la actividad anterior. ¿Les parece que esas habilidades pueden indicar qué harán estos jóvenes en el futuro? Considerando las aptitudes que indicaron, ¿qué camino imaginan que podrán seguir estos chicos en los estudios y en la carrera? Discútanlo con otra pareja.

3 Ahora piensa qué tipo de trabajo podría hacer cada uno de estos jóvenes para contribuir a la mejora de su comunidad. Apúntalo a continuación y luego habla con tus compañeros: ¿cómo ese trabajo los ayudaría a ejercitar y consolidar sus habilidades?

a _____   d _____

b _____   e _____

c _____   f _____

4 Reflexiona con tu profesor y tus compañeros y responde.

Es común que cada uno empiece a identificar sus aptitudes desde la infancia o la adolescencia realizando tareas cotidianas o actividades escolares. ¿Cómo identificaste las tuyas? ¿Alguien te las señaló o las reconociste solo(a)?

El hecho de tener aptitud para determinada tarea o asignatura escolar no significa, necesariamente, tener que seguir una profesión relacionada, pero puede ser una posibilidad para el futuro.

5 Ahora reflexiona sobre tus propias habilidades y menciona alguna de ellas.

_____

6 Además de las habilidades técnicas, que se relacionan con asignaturas escolares o profesiones, hay otras asociadas con la personalidad o el comportamiento. ¿Cuáles son las tuyas? Señálalas a continuación.

a ☐ Liderazgo.

b ☐ Creatividad.

c ☐ Organización.

d ☐ Optimismo.

e ☐ Comunicación.

f ☐ Empatía.

g ☐ Autoconfianza.

h ☐ Otras: _____

7 ¿Qué proyectos crees que puedes implementar en tu comunidad de acuerdo con tus habilidades? ¿Y cómo contribuiría ese trabajo al desarrollo de tus habilidades? Lee los ejemplos y escribe un texto sobre ti.

Soy creativo y comunicativo. En la escuela siempre me han gustado las clases de Arte y Literatura y, recientemente, las de Teatro. En mi comunidad he creado un grupo de teatro con otros chicos de mi edad, y pienso que ese trabajo me está ayudando a desarrollar mis técnicas de actuación y escritura y mi capacidad de liderazgo. Pienso que en el futuro puedo trabajar como dramaturgo o director de teatro.

Me encantan las clases de Ciencias, principalmente cuando hablamos de ecología. Soy organizada y curiosa y trabajo bien en equipo. Con la ayuda de algunos vecinos, estoy trabajando en un proyecto para tornar mi comunidad más sustentable con áreas verdes, reciclaje, etc. Ese trabajo me anima más a trabajar en el área ambiental en el futuro porque me proporciona muchas oportunidades de aprender más sobre el medioambiente.

_____
_____
_____
_____

8 Reflexiona con tu profesor y tus compañeros y responde.

Aunque todavía no realices ningún trabajo en tu comunidad, por supuesto tendrás oportunidades de ejercitar tus aptitudes en diferentes actividades cotidianas. ¿Cuáles se te ocurren? ¿Pueden ser el punto de partida para algún proyecto en la comunidad?

Competencias socioemocionales, como la curiosidad por aprender, contribuyen al ejercicio y al perfeccionamiento de nuestras habilidades.

9 Escribe un relato de un proyecto o una actividad que hayas realizado (en la escuela, en casa, en la comunidad, etc.) y que haya contribuido al desarrollo de tus habilidades.

¿Qué te viene a la mente cuando oyes los términos "medioambiente" o "ecología"? ¿Te parece que las personas que integran tu comunidad se preocupan por cuestiones ambientales o ecológicas? ¿Por qué tienes esa impresión?

1 Observa las imágenes y señala las que, en tu opinión, retratan el cuidado del medioambiente en las respectivas comunidades.

2 En parejas, compartan y fundamenten sus respuestas a la actividad anterior. Luego discutan con toda la clase: teniendo en cuenta la concienciación ambiental, ¿cómo solucionarían los problemas de las imágenes no señaladas?

3 ¿Se mencionó alguna de las siguientes opciones en la discusión anterior? Señala las que te parezcan apropiadas. En grupos, expliquen cuál podría aplicarse a cada problema en su(s) comunidad(es).

a ☐ Campaña de concienciación.
b ☐ Fiscalización y multas.
c ☐ Petición a las autoridades.
d ☐ Trabajo conjunto de los vecinos.
e ☐ Incentivo a la creación de proyectos ecológicos.
f ☐ Debate sobre el tema en las escuelas.

4 Ahora relaciona las imágenes que señalaste en la actividad 1 con los siguientes aspectos del cuidado ambiental.

a ☐ Uso sostenible de los recursos naturales.
b ☐ Uso de productos reutilizables.
c ☐ Preservación de las áreas verdes.

5 Reflexiona con tu profesor y tus compañeros y responde.

El uso responsable de los recursos naturales, la preservación de áreas verdes y la utilización de productos reutilizables son solo algunos aspectos de la concienciación ambiental. ¿Qué otros te parecen importantes? ¿Cómo pueden implementarse en una comunidad? ¿Qué puedes hacer para ayudar?

El cuidado del medioambiente no se da solamente en grandes iniciativas del gobierno o de organizaciones ambientales, sino también en las pequeñas acciones de nuestra vida diaria.

6 Observa las imágenes y lee los textos que las acompañan. ¿Crees que proyectos basados en estas iniciativas podrían implementarse en tu comunidad? ¿Qué mejoraría? ¿Cuáles serían las dificultades?

¿Sabías que la energía solar es renovable y barata y contribuye a la reducción de la emisión de CO_2 en la atmósfera? En un barrio o una comunidad es posible instalar un panel grande que distribuya energía entre los vecinos.

Utilizar más el transporte público o andar a pie o en bici ayuda a reducir la contaminación del aire. Puede ser una buena idea reunir a los vecinos para discutir el asunto y luego peticionar a las autoridades los cambios necesarios en tu comunidad.

_____

_____

_____

7 ¿Recuerdas algún proyecto implementado en tu comunidad para avanzar en el cuidado del medioambiente? Cuéntaselo a tus compañeros y explica si ha traído mejoras.

8 Reflexiona con tu profesor y tus compañeros y responde.

El cuidado del medioambiente en una comunidad depende de la concienciación de sus integrantes. Cuantas más personas contribuyan, más ecológica será la comunidad. ¿Cómo podrías ayudar a concienciar a tus familiares y vecinos sobre cuestiones ambientales?

Una campaña de concienciación puede incluir diferentes iniciativas y materiales, como exposiciones, videos, carteles, folletos, entre otros.

9 En grupos, creen materiales para una campaña de concienciación ambiental. Cada grupo se encargará de una parte del proyecto. Al final, reunirán sus producciones para componer la campaña. Finalmente, pónganla en práctica en sus respectivas comunidades.

MI COMUNIDAD MÁS BONITA Y ACCESIBLE

¿Te parece importante que tu comunidad esté bonita? En tu opinión, ¿qué hace falta para que tenga una apariencia agradable? ¿Y qué piensas de tu comunidad con relación a la accesibilidad de edificios, calles y otros lugares?

1 Observa las imágenes y escribe qué tipo de arte retrata cada una.

2 En grupos, compartan sus respuestas a la actividad anterior. Luego discutan las cuestiones a continuación.

a ¿Qué otras formas de arte conocen? ¿Cómo podrían estar presentes en una comunidad?

b ¿Cómo pueden interactuar con esas expresiones artísticas?

c ¿Creen que la presencia de arte contribuye a la belleza de la comunidad? ¿Y a la calidad de vida de las personas que la integran?

3 ¿Puede la vecindad ayudar a aumentar la presencia de arte en su comunidad? ¿Cómo? En parejas, observen las imágenes para tener más ideas.

4 Reflexiona con tu profesor y tus compañeros y responde.

El arte y la cultura ayudan a expresar y experimentar sensaciones de diferentes maneras y, además, pueden representar una posibilidad de trabajo y de carrera. ¿Te parece que pueden ser un camino de transformación social en una comunidad? ¿Cómo?

Personas de diferentes edades pueden encontrar en el arte una forma de manifestar ideas y emociones y, así, conducirse con más facilidad en las diversas situaciones de la vida.

5 Observa las imágenes y contesta: ¿cómo se facilita en cada situación la accesibilidad a las personas con algún tipo de discapacidad?

_____

_____

6 En tu comunidad, ¿están presentes los recursos de accesibilidad presentados en la actividad anterior? ¿Y en los barrios cercanos? Conversa con los demás compañeros.

7 En parejas, piensen qué sería necesario y posible hacer en su(s) comunidad(es) para tornarla(s) más accesible(s) a las personas con discapacidad. ¿Cómo podrían lograrse esos cambios? Apunten sus ideas y compártanlas con los demás compañeros.

¿QUÉ HACER?	¿CÓMO HACERLO?

8 Reflexiona con tu profesor y tus compañeros y responde.

Al pensar en calidad de vida en una comunidad, hay que tener en cuenta a todos sus integrantes, ¿verdad? ¿Ya habías pensado al respecto? ¿Tienes familiares o vecinos con algún tipo de discapacidad? ¿Cómo es su vida diaria en la comunidad?

Existen diferentes tipos de discapacidad que requieren adaptaciones en la vida cotidiana. Hay que recordar, además, que todos tenemos limitaciones y que la inclusión es fundamental.

9 Escribe una carta de lector a un periódico de tu barrio o ciudad en la que hables sobre la presencia de arte y de accesibilidad en tu comunidad. Explica qué formas ya existen y qué necesita cambiar o mejorar.

PONGÁMONOS A TRABAJAR POR LA COMUNIDAD

Después de todo lo que reflexionaste y discutiste en las unidades anteriores, ¿qué es lo que te parece más importante cambiar o mejorar en tu comunidad? ¿Qué necesitas para hacerlo?

1 A continuación se mencionan algunos aspectos en los que puedes trabajar para mejorar tu comunidad. Elige el(los) que prefieras.

a ☐ Medioambiente y sustentabilidad.

b ☐ Opciones de ocio.

c ☐ Limpieza.

d ☐ Concienciación de las personas.

e ☐ Suministro de agua y energía.

f ☐ Accesibilidad.

g ☐ Diseño urbano.

h ☐ Celebraciones.

2 ¿Alguna de las siguientes imágenes se relaciona con lo que quieres hacer en tu comunidad? En caso afirmativo, ¿cómo? En caso negativo, ¿pueden contribuir de alguna manera a tus ideas?

3 En grupos, discutan las siguientes cuestiones.

a ¿Ya han definido un proyecto de mejora de su(s) comunidad(es) o todavía tienen dudas?

b Si aún tienen dudas, ¿qué es lo que les falta definir?

c Si ya lo han definido, ¿por qué quieren realizarlo?

4 Reflexiona con tu profesor y tus compañeros y responde.

Para definir tu proyecto de intervención, debes tener en cuenta no solo las necesidades de tu comunidad, sino también tus intereses y aptitudes y de qué manera puedes desarrollarlas con la realización del proyecto. Además, ¿has pensado cuáles son las posibilidades reales de llevarlo a cabo?

A veces hay que hacer adaptaciones o recortes en un proyecto inicial a fin de aumentar sus posibilidades de realización. Y no se trata de algo negativo, sino de una etapa más en la planificación del trabajo.

5 Completa la tabla para empezar a planificar tu proyecto.

	Guion	¿Cómo realizarlo?
Objetivo		
Materiales		
Habilidades		
Auxiliares		
Tiempo previsto		
Dificultades		
Posibles ajustes		
Resultados esperados		

6 En grupos, discutan el borrador que acaban de elaborar. Háganles sugerencias a sus compañeros sobre qué pueden cambiar, adaptar o mejorar.

7 Pasa a limpio en el cuaderno o en la computadora el borrador que hiciste, resolviendo las dudas y haciendo las correcciones necesarias.

8 Reflexiona con tu profesor y tus compañeros y responde.

Para poner el proyecto en práctica, debes seguir el guion y realizar las etapas planeadas. ¿A quiénes puedes pedir ayuda? ¿Será necesario algún apoyo de las autoridades?

Vale la pena pensar también en cómo será el mantenimiento del proyecto después de su conclusión, a fin de que los resultados alcanzados sean duraderos.

9 Filma con tu móvil las etapas de realización de tu proyecto en la comunidad. El objetivo es producir un documental que registre el trabajo realizado. Incluye declaraciones de participantes y vecinos y muestra cuáles fueron los resultados.